IMPLEMENT

落实

领导者的想法变成员工做法的管理策略

杨敬敬 ◎著

成都时代出版社
CHENGDU TIMES PRESS

图书在版编目（CIP）数据

落实：领导者的想法变成员工做法的管理策略 / 杨敬敬著.
-- 成都：成都时代出版社，2024.1
ISBN 978-7-5464-3303-5

Ⅰ.①落… Ⅱ.①杨… Ⅲ.①企业领导学 Ⅳ.① F272.91

中国国家版本馆 CIP 数据核字 (2023) 第 182198 号

落实：领导者的想法变成员工做法的管理策略
LUOSHI : LINGDAOZHE DE XIANGFA BIANCHENG YUANGONG ZUOFA DE GUANLI CELUE

杨敬敬　著

出 品 人	达　海
责任编辑	周小彦
责任校对	李　林
责任印制	黄　鑫　陈淑雨
封面设计	荆棘设计
版式设计	范　磊
出版发行	成都时代出版社
电　　话	（028）86785923（编辑部）
	（028）86615250（发行部）
印　　刷	三河市宏顺兴印刷有限公司
规　　格	165mm×235mm
印　　张	13
字　　数	210 千字
版　　次	2024 年 1 月第 1 版
印　　次	2024 年 1 月第 1 次印刷
印　　数	1-20000
书　　号	ISBN 978-7-5464-3303-5
定　　价	68.00 元

落实之精要箴言

·有人曾问管理大师杰克·韦尔奇："我们知道的都差不多，但为什么我与你的差距那么大呢？"杰克·韦尔奇回答说："你知道了，但我做到了。"一语道出了管理的真谛——落实。

·抓落实，是把决策部署付诸实践、变为行动的过程，是做好一切工作的关键环节。没有落实，再好的目标、再好的蓝图，也只是"镜中花、水中月"。

·企业的所有成就都是干出来的，这里的关键，就是抓落实。如果落实不力，最终一切都会落空。

·一分部署，九分落实。任何工作，落到实处才能出成绩、见效果，隔空打牛、高举轻放，抓而不实、抓而不常，就会"沙滩流水不到头"。

·工作虽然头绪纷繁，但它们的分量是不等的，有轻有重，有缓有急，只有按照科学的次序落实，才能高效地完成任务。

·千忙万忙，不抓落实就是瞎忙；千招万招，不能落实就是虚招；千条万条，不去落实就是"白条"。

·"幸运女神只会眷顾坚定者、奋进者、搏击者，而不会等待犹豫者、懈怠者、畏难者。"事业是一点一滴干出来的，道路是一步一个脚印走出来的。

前　言

"天下之事，不难于立法，而难于法之必行；不难于听言，而难于言之必效。"一个企业的制度也好、决策也罢，其支撑点必须靠落实才有意义。

关于这一点，有位企业集团领导人曾说过这样一句话："没有执行力，再优秀都会沦为平庸。"这里的执行力，说的就是落实。

落实是推动企业发展的关键要素，是衡量企业凝聚力和战斗力的标志。企业的决策落实到位，方能得以完美实施，目标才能得以实现。否则，所有的战略、目标、制度都是空谈。

落实是企业实现目标的具体过程，是将企业运作的"人员、战略、运营"三个核心要素结合起来以实现企业目标的一门学问。落实的特点在于它是将指令变成实际行动的过程，重点体现于"及时、准确、完整、有力"。

老子在《道德经》中所言："合抱之木，生于毫末；九层之台，起于垒土；千里之行，始于足下。"一粒种子，不落在深深的泥土中，无法开花结果；一个完美的设想和蓝图，不践行到实际中，无法真正成为现实成果。

抓落实，最难的是"接地气"，最怕的是"不接地气"。作为一个企业管理者，如果没有"接地气"的"落实"观，那么一切都只会浮于表面而落不到实处，成效肯定不理想，势必难以符合"从想法到做法的下沉式管理模式"的要求，也就很难遵循"管理准确到位"的宗旨。在工作中缺乏"落实"观，在落实上"不接地气"，就往往会只唱高调而不管实效。

要知道，落实在企业管理中直接决定着效益的高低。无论是生产、销售、客户服务还是企业文化建设，都需要对落实进行有效的管理和指导。一个成功的项目需要具备专业的规划和管理团队，并能够有效地落实各项任务，才能够实现收益。

研究表明，好的落实需要良好的企业文化、可行的管理方案和能力强的执行团队。对于企业来讲，要落实好各项工作，就需要根据实际情况，制定出可行的管理制度，激发员工的潜能，并注重员工的培养和管理。

总之，一个管理者，其落实能力的高低，直接决定和影响团队工作的成效与企业的发展。本书从企业管理的实际需要出发，阐释了"落实"的概念和意义，提出推动落实方面存在的常见问题和解决方法，分别从落实的硬件通道、软件通道、人员通道展开论述，最后指出"落实力"能否贯彻的几个关键要素，全面系统地探讨了"落实"在现代企业管理中的运用，以期帮助企业实现更高效的管理和更长远的发展。

目　录

第三章

落实的硬件通道

第四章
落实的软件通道

第五章
落实的人员通道

第六章

"落实力"能否贯彻：战略目标、完成相关任务的几个问题

第一章
落实，一个决定性的管理要素

有人曾问管理大师杰克·韦尔奇："我们知道的都差不多，但为什么我与你的差距那么大呢？"杰克·韦尔奇回答说："你知道了，但我做到了。"一语道出了管理的真谛——落实。

一、落实不力的代价

⊙ 一位总经理的困惑与沉思

任何一项工作任务的完成都是抓落实的结果，没有落实，再小的目标也不会实现，再简单的设想也只能是空中楼阁。企业的生存与发展，唯有把落实贯彻到实处，才能取得好的效益。

高先生在一家中等规模的企业工作已十来年，企业在行业里也很有名望。他从一名普通的业务员干起，升到了主管销售的副总经理。可最近几年效益大幅滑坡，企业陷入困境。高先生看在眼里，急在心里。有不少人跳槽走了，也有更大的企业高薪邀他加盟，但他选择留下。因为他认为自己热爱并熟悉这个企业，一旦有机会，自己定能找到良方扭转不利局面。所以面对种种问题，他没有像其他人那样一味地抱怨，而是给予认真的关注，并于心中默默思考解决的办法。

后来高先生出任总经理。他开始从公司的新产品战略、质量标准、人员配置、绩效分配等方面入手，出台了系列制度方案，公司上下一致叫好，大家的工作热情被重新调动起来，感觉公司有了"柳暗花明又一村"的气象和希望。

高先生本人也踌躇满志，他公布的当年转亏为盈，三年内达到行业领先的战略目标，让全公司的人热血沸腾，他也坚信这一目标能够实现。

但是，没有等到三年合同期满，高先生却被迫辞职了，因为公司的发展远没有达到预期的目标，经过短暂的盈利后，公司重又陷进了亏损的泥潭。

决定离开的那一天，高先生在自己的办公室里呆坐了一整天，不见任何人，只是一支接一支地吸烟。他回顾了自己两年多来的努力：全身心的投入，无私的管理，正确的方向，精细的目标……他搞不懂，为什么会是这样一个结果？

郁闷中，高先生迈开脚步离开办公室，当走到公司大门口时，迎面碰上公司传达室的杜伯伯。

一个是离任的公司最高领导，一个是最普通的看门人。平常两人虽说天天见面，但又几乎没有说过话。就在两人相错而过的一瞬间，杜伯伯止住了脚步，转过身，沉声说道："高总，你是个好领导啊！"

高先生的身子一震，他听出杜伯伯的话是真诚的，绝没有嘲讽的意思。"只是……"杜伯伯欲言又止，望着高先生问询的目光，他叹口气："唉，只是落实不力啊！"说完，杜伯伯无奈地摇了摇头，蹒跚着走了。

"落实不力？"好像电光火石在脑际一闪：这几个字似曾相识，自己开会时讲过，语重心长地叮嘱过，但，这真的是自己不得不品尝失败苦果的主要原因吗？他想回答不是，但这四个字从一个看门人的嘴里说

3

出来又似乎有特别的意义。

产品战略？现在看来是多么正确呀，可是既定的调整周期一延再延，竞争对手的新产品不断上市，大获其利，竞争对手有些新产品简直就是自己的产品创新战略的翻版，但这两年多里，本公司仍是以自己上任前就发誓要改造的众多老产品苦苦支撑。——这是不是落实不力？

质量问题？新标准、新措施都齐备了，可问题仍然不断，他曾与主管质量的副总和质检部总监多次研究。据他们讲，主要是这些标准和措施以目前的技术、设备完全无法达到要求，于是不断地降低要求，质量问题不了了之。——这是不是落实不力？

绩效分配制度？制度本身没问题，可在基层实施中明明暗暗地又出现了不少问题，甚至有些员工反映后，问题仍然是一拖再拖，无法解决，导致员工情绪低落，议论纷纷。——这是不是落实不力？

没来得及想太多，高先生的后背上已渗出冷汗。也许他还没有完全想明白，但他已隐约感觉自己触摸到了问题的源头。他不敢再回头，飞也似的走出了那扇大门。

> 落实是梦想与现实之间最短的距离，也是最有效的方法。一个企业生存和发展的关键在于落实。因为要完成企业的目标蓝图，靠的就是落实。

从上述这位总经理的困惑，也许能让我们清醒：一个企业有了好的目标、好的制度、好的方案，或者更多好的其他东西，这些当然重要，有的甚至必不可少，但只要缺少一种要素——落实，那么，所有的一切就会变得毫无意义。

我们不妨再来看看这样一个颇具启发性的片段：一个企业因为经营不善，濒临破产，无奈之下，聘请了另一位专家来管理。人们都以为这位专家上任后肯定要大刀阔斧地改革一番，可出乎意料的是，这位专家来后了解一番情况，什么也没改。制度没变，人事没变，生产设备也没变。他只带来一种观念，就是把这个企业先前制定的制度切实地贯彻下去。结果，不出一年，企业就实现扭亏为盈。这位专家靠什么绝招使企业起死回生的呢？就是不折不扣地"落实"。

⊙落实不力的危害与忠告

企业的所有成就都是干出来的，这里的关键，就是抓落实。如果落实不力，最终一切都会落空。前例中，高先生为什么没能实现预期的目标呢？

高先生的优势在于营销和客户服务，他确定了阶段性目标，然后由副总将具体的数字指标传达给负责执行工作的人。高先生也不是一名微观管理人员，所以他把所有的实施工作都交给了那些直接向他汇报工作的人，包括负责业务的副总经理和生产部门主管。

他时刻对季度汇报数字保持密切的关注，一旦情况发生变化，他就会马上拨通相关部门负责人的电话，要求对方马上改进自己的工作。

根据传统的管理分析标准，高先生并没有做错任何事情，但目标和结果之间的差距反映了他的雄心和组织现实之间的鸿沟。事实上，他所设定的目标根本是不现实的。就拿高先生的生产管理来说，由于各级流程都滞后于预定的规划日期，所以最终导致该公司的工厂不能生产出足够的产品来满足市场需求。但高先生并不了解这一点。虽然他会冲那些没有完成任务的经理大发雷霆，但他从来不去问一问原因。而一位善于落实的领导者则会立即提出这个问题，并随后把目光集中在寻找原因上。

和许多总经理一样，高先生认为提出这些问题的应该是生产部门主管，而对于整个过程的监督则是执行副总的事。但遗憾的是，他并没有找到适当的人选。他的生产主管和执行副总都没有尽到自己的责任。由此，落实的情况可想而知。

你可能要问，如果高先生掌握了落实技巧的话，他又会怎样呢？

首先，他会在制订计划的时候征求相关员工和负责生产的人的意见，然后再根据组织的实际能力来确定具体的目标。我们这里所说的组织能力包括良好的分配能力，也就是说，能够选派适当的人员来从事适当的工作。如果下属管理者工作虚浮，落实不力，完全可以早一点换将。

其次，高先生应该向落实人员提出更多的实际操作过程中可能遇到的问题，比如说，他们将如何在预定时间内提高自己的存货周转率、降低成本并达到公司的质量要求？任何不能回答这些问题的人都应该在开展工作之前先找到答案。

最后，高先生应该为整个项目设定一些阶段性目标，而且每个阶段都应当有具体的人员负责，并有专门的部门或人员来检查。如果发现有些计划没能在预定时间内实现，就可以及时下达指令，采取正确的补救措施。

从一般意义上来说，高先生是一个努力发展企业的管理者，但他不懂得如何去落实，而这正是问题的关键所在。由此，他和选择他的企业最终都将为此付出代价。

乐视网的衰亡也给我们一定的启示。

乐视网的创始人贾跃亭，曾经是一位电子工程师，在20世纪90年代初期开始涉足互联网行业。当时，互联网行业尚处于蓬勃发展的初期，其中蕴藏着很多机会。

2004年，贾跃亭创立了乐视网，早期主营在线音乐和视频业务。当时的乐视网只是一个规模不大的创业公司，贾跃亭每天亲自上阵，经常熬夜写代码，甚至睡在公司。这样的创业历程，充满了艰辛和挑战。

2011年，乐视网成为中国互联网行业中第一家上线电视机顶盒的公司。2013年，乐视网又推出了自己的智能手机，取得了巨大的成功。在这一时期，乐视网的用户数量和市值都在不断攀升。2016年，乐视网成功登陆A股市场，成为中国互联网行业中备受瞩目的上市公司。

随着乐视网的业务不断扩张，企业面临的问题也开始逐渐显现。乐视网的高速扩张让企业的资金状况逐渐恶化，不断增加负债，导致财务状况越来越不稳定。此外，乐视网的一些部门管理者，疏于管理与落实，工作流于表面，对存在的问题不能及时反馈，使公司危机局面更加严重。

2017年，乐视网在严峻的困境面前无能为力，股价开始下跌，公司的市值也随之降低。最终，陷入了严重的管理危机，贾跃亭被迫离开乐视网，乐视网宣告破产。

乐视网的衰败是一段令人喟叹的历史，这段历史也给我们提供了很多启示，尤其是在企业管理和风险控制方面，需要更加注重落实到位的"下沉式管理模式"。

⊙落实的发问与思考

抓落实是一个永恒的话题。常言道：一分部署，九分落实。充分说明落实很重要。就管理者来说，对以下三方面必须经常进行发问、思考。

（一）对于重要目标、决策的落实过程可曾给予特别的关注？

很多企业领导者都认为，作为企业的最高领导者，他不应该屈尊去从事那些具体的工作。这样当领导当然很舒服了：你只需要站在一旁，进行一些战略性的思考，用你的远景目标激励自己的员工，而把那些无聊的具体工作交给手下人。自然，这种领导工作是每个人都向往的。如果有一份工作，既不让你亲自动手，又可以让你享有权力与荣耀的话，谁不想干呢？

在这里要提出的是，这种思考问题的方法是错误的，很可能给你带来难以估量的危害。

对于一个组织来说，其领导者必须全身心地投入该公司的日常运营中。领导并不是一项只需要高瞻远瞩的工作，也不能只是一味地与投资者们畅谈未来——虽然这也是他们工作的一部分。领导者必须切身地融入企业运营中。要学会落实，领导者们必须对这个企业的员工和生存环境有全面综合的了解，而且这种了解是不能让任何人代劳的。

领导者必须亲自运营这三个流程——挑选其他领导者，确定战略方向，以及引导企业运营并在此过程中落实各项计划。无论一个组织的规模大小，企业领导者们都不应当将这三个流程交付给其他人。对于前两者，领导者可能没有异议，但对于落实，会有一些领导者不屑一顾。

因此，对于那些关于战略全局的重要目标、决策，领导者的全程关注必不可少——这种关注和直接、有力的领导决定着落实的层次，也决定着事情的成败。

（二）"层层落实"过程中对目标的曲解和层层打折扣是什么原因造成的？

我们常常听到这样的议论：策略是好的，只是一到负责落实的人手上就变了样、走了形。

有的领导者还不无自得地自辩：你看，这不是决策的问题，而是落实的问题。似乎落实与决策无关，落实不力的责任也不用他来承担。

华为公司有一个老将，是原来一直被外界称作华为二号人物的郑宝用。他曾为了帮助任正非发展华为公司而放弃继续攻读清华大学博士学位。所有人都对他的行为不解，只有他认为自己做得对。后来，他等华为盈利百亿之后，甘愿退居二线。对华为的发展起到"定海神针"的作用，被公认为华为的元老和功臣。

他有一个很大的特点，就是行动快，落实到位，其开疆拓土、冲锋陷阵的能力特别强。华为公司几乎所有需要冲锋陷阵、强攻山头的事情，任正非都让他去担负。如华为原来只有直销，没有分销，而企业网业务、手机业务都需要分销。在迟迟没有建立起分销业务的情况下，任正非把任务交给了郑宝用。郑宝用不负所望，经过多方咨询与学习，很快就把分销业务建立起来了。并且后来由他牵头负责，又建立起了战略市场营销等。

要想提高企业的落实能力，首先必须充实领导队伍。在选拔管理人员时，不但要看他的业务能力和管理技巧，更重要的是要考查他的落实能力——能否领导下属推进任务。只有企业的所有管理层级——从最高领导到基层班组长都具备落实能力，都能领导下属完成任务，战略或计划才会一层一层逐级落实，最后创造实际效益。

任务的有效落实需要领导者的密切关注、指挥和调度。这种关注不是对一个人或几个人的要求，而是对企业内部所有管理者的要求。只有各级领导层都对落实保持关注，战略或计划才能不折不扣地得到落实。

（三）对落实不力的下属采取行动了吗？

有的人无法完成预定的工作，无法落实自己职责范围内的计划，更无法为企业战略规划不折不扣的落实贡献力量。企业必须妥善处理这些落实能力差的人，要使下属在战略决策落实过程中发挥积极有益的作用，而不是阻碍落实的顺利进行。

尽管解雇员工可能会给企业带来负面影响，但如果该员工无法胜任本职工作，那么只有解雇他了。因为继续让他待在企业内部会阻碍工作计划的有效落实，给企业带来的负面影响比解雇他要大得多。

事实上，解雇一名普通的员工对于企业来说并不是难事。如果一名员工屡教不改，并且他的糟糕表现给企业的正常运营以及决策的落实造成不良影响的话，企业是有理由解雇他的。但有一些落实能力差的人，企业往往觉得进退两难，因为这些人过去为企业做过贡献，现在则居功自傲或倚老卖老蔑视公司的制度和决定，不但自己不努力工作、不落实决策，还时不时给自己的下属们（他们通常都位于较高的领导层）泼冷水，导致整个部门表现不佳。这些人不愿接受将其调换到其他工作岗位上的要求——他们往往视这种调换为对自己人格的侮辱——即使勉强接受，居功自傲的心理依然会让他们在新的工作岗位上重蹈覆辙。对于企业来说，解雇这些人是需要勇气的。

总而言之，对于那些落实能力差的人，要给予恰如其分的惩罚，应尽可能地把他们调换到合适的工作岗位上，如果别无选择，那么就应果断地让他们离开。对落实能力差的人一味姑息，只会损害公司的效益，降低公司的战斗力，影响公司的发展。

企业管理是分层次进行的，比如有决策层、中层管理层、作业层。作为企业领导者，要充分认识这种管理的层次性，明确规定各个层次的职责，使下沉式的管理模式落到实处。

二、落实不仅仅是个战术问题

⊙ 落实是管理流程中不可或缺的一环

在大多数人看来，"落实"仅仅只是管理的一个片段或一个环节，而且与"制定战略""为企业的发展指引方向"等工作比起来，"落实"是一般性问题，尽管有相当多的企业在把完美的计划落实到行动上时栽了跟头，但这些企业的领导者们依然固执地认为错误出在那些负责"落实"工作的人身上——是他们把事情弄得一团糟的。然而实际上问题的根源并不在于负责"落实"工作的人，他们在面对相当多的与"落实"有关的工作时是无能为力的。因为落实并不像听起来那么简单，这是一个系统的问题，而不是一个具体的、简单的、一切都可以由最普通的员工控制和掌握的问题。

实际上，落实的管理要义在于：任何企业决策和经营的过程都是一个循环着的圆，而落实是这个圆中最为重要和关键的一环。从管理流程的角度来看落实的问题，我们发现，落实是一个系统问题，而不是一个孤立的问题。因为在处理落实问题时，落实者必须从整个管理系统的角度出发，确保企业整体的利益和整个管理流程的良性循环，这样才能跳出局面式管理，避免脱节现象的发生和管理流程的链条断裂。所以，从管理流程的角度来看，必须把落实当作一个系统问题来看，落实者必须具有整体思维，保证管理流程得以循环运行。

其实，仅从落实工作本身来看，落实也应该被看作一项系统工作。落实是实现目标的具体途径，是把战略和计划同具体行动联系在一起的通道。要想取得好的落实效果，就必须保证落实的各个环节都处于最佳状态。比如，战略和计划是严格根据企业的实际情况制订的，组织机构处在一种有利于每一个员工朝着预定的目标竭尽全力的状态，每一个员工都受到了激励并拥有高昂的奋斗热情，等等。这些问题是否解决直接决定着落实效果的好坏，而要想解决这些问题又必须从整个企业的角度出发，用一种系统的方法来解决，否则就无法取得理想的效果。

此外，落实还关系到企业经营和营销的一体化问题，主要包括：经营风格、产品定位、品牌化、市场占有率等一系列相关的问题。对于企业来说，这些问题都不是孤立的或可以简单地做出判断的问题。在处理这些问题时，落实者必须从企业的长远发展出发，进行资源的合理配置，从而实现可持续发展。

字节跳动公司成立于2012年3月，作为科技互联网行业的新兴公司，凭借今日头条、抖音、飞书等横跨多业务类别、覆盖个人与企业用户的多款产品，自成立以来在活跃用户量上持续快速地增长。字节跳动的创始人张一鸣曾有一番总结："字节跳动是由一群务实浪漫的人组成。

什么是务实浪漫？就是把想象变成现实，face reality and change it."务实，意味着员工要脚踏实地；浪漫，则意味着员工要敢于想象，敢于设定高目标。两者结合，就是用挑战性激发员工的自驱力，并让员工坚韧踏实地实现目标。

这其实就是实实在在落实到位的管理。

概而言之，落实是一项几乎涉及企业所有方面和环节的重要工作。在处理落实工作时，必须将其当作一项系统工作加以考虑，否则可能无法取得最佳的落实效果。

⊙落实能力体现一个企业的综合素质

中国的海尔公司是一家以落实为管理导向、落实能力很强的企业，这集中体现在其独创的 OEC 管理法上。

海尔集团总裁张瑞敏针对中国人思维方式的特点，发明了一套管理方法叫"OEC"，做到了领导在与不在一样。在这套模式下，从车间工人到集团总部的每一个人都知道自己每天应干些什么，甚至可能考核自己的工作，领取自己该得到的那份报酬。

OEC 管理法，即全面质量管理法，最重要的一个原则就是"三全"的原则，即全面的、全方位的和全过程的。在整个质量管理过程中张瑞敏采取了日清管理法。把所有的目标分解到每个人身上，每个人的目标每天都有新的提高，这样就可以使整体目标有条不紊地不断增长。

　　海尔的每个员工都有一张"三 E 卡"，所谓"三 E 卡"，就是每天、每件事、每个人，即英文"everyday、everything、everyone"，每个员工干完当天的工作后，必须要填写这张卡片，填写完之后，他的收入就跟这张卡片直接挂钩。这张日清卡，使公司把整个的工作目标分解、落实到每个人身上。比方说某种冰箱的制造共有 156 道工序，这些都落实到每个人头上，就使得整个质量能够保证是优质，其中的关键是员工的素质，也就是只有优秀的员工才能生产出优秀的产品。

　　总体上看，"日清日高"管理法是由三个基本框架构成的，即目标体系、日清控制体系和有效激励机制。这三个体系恰好形成了一个完整的管理过程：首先由目标体系确立目标，然后由日清体系来保证完成目标的基础工作，为了使基础性的工作能朝着对企业有利的方向运动，必须对日清的结果进行奖惩，这便是有效激励机制所要达到的目标。

　　目标体现了企业的发展方向和要达到的目的，是企业做好各项工作的指南。目标提出的高度必须依据市场竞争的需要，低于竞争对手就毫无意义。1984 年，海尔上冰箱时几乎是全国最后一家冰箱定点生产厂家，在落后的情况下，海尔审时度势，根据自身实力和市场竞争的需要，提出了"以质量取胜，走争创名牌的道路"，确定了争中国第一的目标，并在全厂形成共识。经过全体员工艰苦的创业，终于在 1988 年夺得全国冰箱行业第一块金牌。随即，为了谋求进一步的发展，海尔又确定了创国际名牌的目标，并取得了显著的成绩。

　　日清控制体系是目标体系得以实现的支持系统。因为大小目标在落实过程中影响因素很多，特别是一些本来极易排除而未能及时处理的小问题和事故隐患，长期积累下来就会成为积重难返的大问题，以致严重影响目标的实现。而目标得不到实现，又会反过来影响员工的工作热情和干劲，导致企业管理流于形式。有了这个系统就可以促使每人、每天对自己所从事的每件事进行清理、检查，有效地保证了实现目标，做到"日事日毕、日清日高"。

激励机制使海尔人达到了自主管理状态，是日清控制系统正常运转的保证条件。海尔在激励政策上坚持两个原则：一是公开、公平、公正，通过3E卡可计算出职工的日收入状况，不搞模糊工资，使员工对工作中的"所得所失"心中有数，心理上感到相对公平；二是要有合理的计算依据，如海尔实行的"点数工资"，就是从多方面对每个岗位进行测评，并且根据工艺等条件的变化而不断进行调整。

OEC的具体形式和内容表现为"三本账"和"三个表"。

"三本账"指公司管理工作总账，分厂、职能处的管理工作分类账和员工个人的管理工作明细账。"三个表"指日清表、3E卡和现场管理日清表。

> "一分部署，九分落实。"落实就是落到实处，在效率上表现为"马上就办"，在力度上体现为"掷地有声"，成效能够实实在在地表现出来。对于管理人员来说，狠抓落实是一项必备技能。

张瑞敏的OEC管理方法可以概括为五句话：总账不漏改、事事有人管、人人都管事、管事凭效果、管人凭考核。

OEC管理方法的实施给海尔集团带来了明显的效果。第一，提高了海尔管理精细化程度，达到了及时、全面、有效的状态；第二，提高了流程控制能力；第三，使海尔形成了对不同层次、不同侧面均有激励作用的激励机制；第四，培育了高素质的员工队伍，这是"日清工作法"取得的最大效果，也是"日日清"工作得以全面落实的基础。

海尔的 OEC 管理法也许并不适用于中国的所有企业，但这一思路和落实举措无疑是优秀的。

⊙落实能力体现领导的综合素质

对一个特定的管理者而言，落实能力主要体现为一种总揽全局、深谋远虑的洞察力；一种不拘一格的突破思维方式；一种设定目标，然后坚定不移地完成的态度；一种雷厉风行、快速行动的行为；一种勇挑重担、敢于承担风险的工作作风。

落实是一门艺术，有许多学问，必须讲究方法；落实需要铁的纪律，没有纪律，落实就会走样，就会与预期结果不一致。落实是所有人的重要任务，尤其体现领导者的综合素质。

一个善于落实的领导者会将自身融入落实的关键细节之中，他们不但懂得建立有利于公司落实的文化与流程，懂得建立有效的监督检查机制，懂得以身作则的工作作风，还具有敏锐的眼光、灵活的思维、果断出击的"落实力"。

1992年的秋天，上海街头的梧桐叶黄了，诱人的糖炒栗子满城飘香。一天晚上，到上海出差的温州乐清五金机械厂朱厂长吃完晚饭后，就出去逛街了，他把这种休闲称为"跑信息"或"捡钞票"。朱厂长来到延安东路的一个路口，刚一拐弯，就看到一家商店门口排着一条长长的队伍，原来是一群买糖炒栗子的人，这立马引起了朱厂长职业性的条件反射。这些年来，朱厂长悟出了一条发财真理："凡是人群密集的地方，一定有财神爷在微笑。"

他开始仔细观察，发现急于尝鲜的人买了糖炒栗子后，都迫不及待地咬着、剥着吃，而常常把栗子内核弄得四分五裂。

"能不能搞个剥栗器？"一个想法在朱厂长的大脑里启动了。他迅速画出了剥栗器的草图，材料用镀锌铁皮，成本每个0.15元，出厂价0.30元……10分钟后，朱厂长推开了商店经理室的大门，与之进行了交流。经理认为："这项发明肯定受顾客欢迎。不过，上市要越早越好，两个月够不够？"朱厂长笑了："我最迟一个星期后就送上门。"经理不相信："这审批、核价什么的，没两个月怎么行呢？"

当晚，朱厂长将剥栗器的草图传真到了温州家乡的工厂，一副模具两个小时就被做出来了，冲床开始运转。三天后，一卡车剥栗器涌进了上海，大大小小商店门口的糖炒栗子摊主成了朱厂长的经销商。

朱厂长得意地说，这一个小小的类似于汽水瓶盖的剥栗器至少创造了 4 万元利润。

不用多说什么，这就是落实能力。一般情况下，落实是一件艰苦、困难和琐碎的事情，它需要确保公司这架机器能够一米接一米、一千米接一千米以及一个里程碑接一个里程碑地向前进。对绝大多数企业而言，这是一个复杂的过程。但要掌握落实的艺术并不复杂，拥有好的心态和快速反应能力就能把握事情的关键。

可以说，抓落实既是领导干部的能力体现，也是责任所在。这里我们继续说说前面提到的华为功臣郑宝用。

1987 年，华为创始人任正非筹集 2 万元资金，在深圳创立华为。那时候，华为刚刚转型做交换机代理商。后来，任正非一心想发展华为自己的核心技术，可他对技术又不太懂。于是，在好友郭平的引荐下，任正非认识了郑宝用。

当时，郑宝用刚刚拿到华东理工大学光学硕士学位。1989 年，他正在清华大学攻读博士学位。那时候的郑宝用已经快要完成毕业论文，接下来准备答辩。在任正非几番登门恳切地请他出山担任技术要职后，郑宝用放弃了清华博士学位而答应了任正非。

从 1989 年起，郑宝用带着极强的责任感和使命感，开始潜心研究通信产品，并担任多个项目的总设计师。凭借着过人的技术能力和超强的落实力，郑宝用带领华为工程师研发出 HJD48、JK1000 空分程控交换机等。

后来，华为又招揽了一批专业过硬的技术人才，如李一男、何庭波、徐直军等。郑宝用以华为总工程师的身份带领技术部门打造了多款行业内标杆产品，同时为华为创造了数百亿元的产值。

C&C08 是华为自主研发的第一台数字程控交换机。负责 C&C08 研发的统帅就是郑宝用，他围绕公司的目标计划，合理规划，科学分工，带领一帮人加班加点，务实攻坚，圆满地完成了任务。

1995 年，C&C08 在国外卖了 13 亿元。在 C&C08 之后，郑宝用在用户光纤接入网、TW 宽带交换机、数字微蜂窝和移动通信领域不断进军，都取得了相当不俗的成绩。

到了 2002 年，一天，郑宝用在工作中突然晕倒，送医院检查后，被查出罹患脑瘤。任正非为了给郑宝用治病，四处联系世界上最好的医疗机构，并给这位功臣拨付了专项治疗基金，让郑宝用安心在海外治疗。经过精心治疗，郑宝用的病情得以痊愈。

2013 年，郑宝用又回归到华为的工作岗位上，他继续发挥个人才华，并以其过硬的落实能力，助力华为向前发展，一步步走向国际市场，成为当今世界瞩目的翘楚。

郑宝用从技术到管理，无论在哪一个岗位上，都殚精竭虑，拥有崇高的责任感与使命感，并能将落实贯彻到实处。可以说，对一个肩负重任的决策者而言，看清问题的眼光、克服困难的勇气与魄力、对重要问题的特别关注等都彰显了个人的才智和素养，更是其落实能力的具体体现。

三、领导者对落实的关注决定其他人的落实行动

⊙ 领导者的行为决定其他人的行为

一家公司的落实情况，往往是由这家公司领导的行为所决定的。领导者所表现的行为决定其他人的行为。所以，要让整个公司都形成落实型组织，领导者必须对落实有足够的关注和以身作则的影响力。

吉列公司董事长兼 CEO 吉姆·基尔特斯在 2001 年 2 月接手吉列公司时，吉列是一个生产消费品的烂摊子。这家 Mach3 剃刀、金霸王电池和 Oral-B 牙刷的制造商曾经业绩辉煌，却连续 14 个季度没有盈利。五年来，销售收入和盈利均没有增长，三分之二的产品市场份额下降。这家位于波士顿的公司的股票已从过去的热门变得无人问津，其价值在 1997 年和 2000 年间下降了 30%。

基尔特斯认为，处理问题的第一步，应是做好调查研究，从严治理，狠抓落实。

所有与基尔特斯共事的人都知道，这位芝加哥人非常严格，要求

非常高。现在和原来的同事们都使用同样的形容词描述他，"要求严格""要求高"和"高效率"等词语一再出现。如果你的业绩不能达到他的要求，他就会去找能够达到这一要求的人。

在就任董事长之前，基尔特斯对吉列所存在的问题进行了详细调查。他审查以往的年报、华尔街的研究以及业界的评论。他与吉列的销售人员一起出差、走访商店、视察仓库和制造厂。他研究吉列的广告，并仔细阅读消费者的反馈。

就任董事长之后，基尔特斯狠抓落实的"新政"使一些吉列的老员工难以接受。长期以来，吉列的企业文化是温和仁爱的。基尔特斯上任时，吉列所有的高层经理都已在公司工作了数十年之久。基尔特斯对落实的高度关注，使一些人感到自己像顽皮的学生那样被管理。

对于那些不喜欢他的风格的人，基尔特斯的解决方法非常简单：走人。向他直接报告的下属中有十位是新上任的。那些幸存者说，"他对落实的高度关注，使我们不得不关注落实，因为我们不想失业。"

基尔特斯的行为影响了整个组织，在过去的三个季度里，吉列的销售额每季度平均增长5%。第三个季度利润上升20%，达到3.54亿美元。营运资本在销售额中所占比例下降到14%。在过去的一年里，吉列的现金流量从8.15亿美元增加到13亿美元。自2000年以来，吉列已经用现金支付了18亿美元的债务。

⊙ 不断地向部属提出要求

无论哪一个层次的领导者，都要不断地向部属、员工提出自己的要求。这是落实的需要，这样才能够突破经营的瓶颈，成为成功的领导者。

一个企业的当家人，或者他的部属，上到副手，下到部门负责人，都可以说是领导者。那么，管理的核心是什么呢？如何管理呢？日本松下电器的会长松下先生认为，领导者在对部属提出要求的同时，必须首先要对自己提出严格的要求。

为什么领导者必须首先是要求者？高级管理人员，特别是公司的当家人，虽然是决策者，但决策如果不对下属提出落实，就等于一堆废话或一堆废纸。公司的方针、政策，正是经过要求传达、落实下去的。一级一级的领导者都提出要求，更会使公司的总方针具体化、可操作化。

不仅最初的、基本的方针如此，临时的、阶段性的方针也是如此。

松下先生说：松下电器公司在每个月所制定的经营方针，便是拿数字或其他指标来向全公司提出要求。会长的方针，也就是会长的要求。没有要求的会长，等于是不存在的。

同时，公司的领导者虽说较为出类拔萃，但绝非全能的人。具体的工作，包括低层次的，也包括那些较高层次的，都要由部属来做，要由专门人才来做。在企业的初级发展前段，或许可以事必躬亲、身先士卒，集团大企业的领导者就不必如此了。领导者只有不断提出要求，计划才能得到落实，部属才可以处理好各方面的事情。

能否不断地提出要求，是检验领导者是否有"落实力"的试金石。不提任何要求，当然是没有"落实力"的。不断提出要求和希望，以督导工作，无疑是负责和勤勉的表现。

不能有所要求的经营者，应该让其退位；反之，能对人要求的落实型领导，才是成功的经营者。

当然，松下先生的"要求"，不是不给下属任何独立自主的机会。相反，松下是极其强调自由的。他认为自由具有相当的魅力，是工作绩效的催化剂，放手让主管自主地经营管理，他才会深刻感受到工作的意义，也才会拼命工作。要求与自由并不矛盾，要求只是关注落实，它指引目标，却又允许"条条大道通罗马"，可以寻找你认为合适的、切实可行的、属于你自己的道路。

⊙做关注落实的"检察官"

所谓做关注落实的"检察官"，也就是要不断且严格地向落实者提出问题。

关注落实的领导都应该具有这种提问题的本事，只有这样才能弄清事情的原委，并影响其他人的行动。他们不会借提问题来施加自己的影响（如"在这个问题上，你难道不同意我的意见吗？"），或者以此责备

别人 (如 "你怎么连这么简单的问题也搞不清楚？")。此外，关注落实的领导人还懂得如何利用那些与经理以及雇员们在一起的非正式会议。这些会议没有议题，也没有预先设定程序和活动安排，他们可以这样开头："你能告诉我有关的情况吗？" "当前我们有哪些问题需要解决？" "你是怎么想的？" "你能解释……事吗？" 等。这些没有议题的非正式会议往往会使当前的问题一个个浮出水面，也有利于促使其他人思考和行动。做 "检察官" 有时也不限于督促和提问，经常走动还能及时了解职工情况和公司实际，和谐公司上下关系。

惠普公司的女 CEO 费奥莉娜有一种特殊的管理方式叫走动式管理。这种管理方式指通过随意性的交流或者非正式的会谈，从而与员工及员工所从事的工作保持相当密切的联系。通过走动式管理的方式来了解员工所关注的问题和观点，从而体现出对员工的高度信任和尊重。走动式管理具有两个特征，即经理经常在自己的部门中走动；举办茶话会、共进午餐及交谈。

> 从企业领导活动的一般过程上讲，领导干部的基本职责主要有两项，一方面是做出正确决策，另一方面就是抓好决策的落实。

费奥莉娜要求管理者们要经常性地巡视所属部门，多在部门中走动，以了解每位员工的工作方式，以及随时掌握工作进度等。或者管理者能够出现在随意的讨论中，这并不是要经理们打扰讨论或打断这种随意而起的讨论，而是需要管理者能够融入这些讨论中，不会有人认为经理在而不参与讨论或无法融入讨论的气氛中。通过走动发掘每一位员工的真实想法，包括

25

他对公司现状的看法，对公司未来走向的预测，对人力资源的运用是否妥当，自己的上司或任何一位管理者或经理明显不称职，以及对公司各个部门及管理方式和经营策略运用的各种意见等。多了解员工尤其是自己下属的看法，并把他们的看法有机地结合起来，总体分析当前面临的问题和需要解决和改进的地方，以利于公司及各个部门不断自我完善及改革。

员工的意见或许片面，或许短浅，却是来自公司内部的第一手资料，所谓"春江水暖鸭先知"，员工才是管理模式和经营策略的直接落实者，只有他们才对某一项决议具有建设性意见的发言权。

费奥莉娜主张经常举办茶话会、共进午餐及办公室走道里的交谈。这些在闲暇之余举行的讨论更能让人们放松，启发员工智慧，也更容易出现一些奇思妙想。在这些地方所交流的内容往往包罗万象，五花八门，更容易发现一些员工平时未显露的才能，比如对各种细节的研究和个人道德品行的表现，更能体现员工的个人特点。同时，管理者与员工们在轻松愉快的氛围里交谈甚至争论，都会在友好的气氛下进行。而且由于管理者对员工意见的尊重，这种方式还能够增加员工的企业自豪感和责任心，从而有利于各种计划的落实。

费奥莉娜正是通过这种走动式的管理，使惠普公司内部形成良好的工作氛围，广泛地听取员工们的意见，随时做出调整，将惠普上下有机地融为一体，使公司成为一个落实型的组织。

第二章
在领导决策层面解决落实问题

有一位哲人说过："世界上有两种力量，一种是观念，一种是宝剑，但最终总是观念战胜宝剑。"强烈的落实观念是落实的前提，而落实又是通往目标与结果之间的桥梁。企业领导者的管理水平和管理效果如何，很大程度上取决于落实。

一、做落实型的领导

⊙ 注重实际

做企业是一件实实在在的事情，企业生产了多少商品，又卖出去多少商品，利润率有多高，这些都是非常实际的东西。因此，企业家要把眼光放在实际效果上，不能只盯着数据。数据可以作为经营企业的参考，但也仅仅是参考，因为数据只能反映其中一个方面，不可能面面俱到。

长久以来，京东创始人、原 CEO 刘强东相当务实，非常反对假大空那一套。

据报道，2022 年，刘强东曾在一次内部管理培训会上提醒部分高管说："拿 PPT 和假大空词汇忽悠自己的人，就是骗子！"他强势地表示："部分高管醉心于 PPT 和奇妙词汇，把一些事情吹得天花乱坠，执行却一塌糊涂。"这一针见血地指出了落实的问题。

在会上，刘强东还表示，管理层不需要那么多的新词，要回归到商业本质的五个要素（产品、价格、服务、成本、效率）上来。表面上说得再好没用，注重落实才是关键。

的确，一名称职的领导者最应该具备的是注重落实、把握现实的能力。只有把实实在在的落实环节管到位、做到位，才可能拥有好的未来。

对于20世纪90年代初的IBM来说，郭士纳无异于"救世主"。曾经的"最受尊敬的公司""蓝色巨人"IBM在日益激烈的市场竞争中风雨飘摇，迷失了前进的方向。当时几乎所有的人——著名的管理学专家、杰出的管理者们——都认为IBM需要愿景规划，而郭士纳却认为："IBM现在不需要什么愿景规划……IBM最需要的是一系列非常务实的、以市场为导向的、高度有效的落实。"他认为有效的落实才是拯救IBM的唯一途径。

他对IBM进行了一系列的改革：按照紧抓"落实"的管理原则，以市场为导向迅速行动，注重解决问题，撤换落实不力的人，坚信质量、竞争战略、团队合作、绩效工资和商业道德的价值。他为IBM制定了一系列使IBM衰落的命运得以扭转的战略。但与大多数CEO不同的是，他并没有把战略方案交给下面的各级经理后就放松过问，而是经常听取汇报，亲自参与调查、讨论、实施、跟踪，发现问题，及时解决。郭士纳认为，一个合格的企业和管理者必须具备明确的业务核心、卓越的"落实力"以及优秀的领导艺术。

只有领导者注重实际、重视落实，下属才会改掉好高骛远的坏毛病，真正在战略或计划的落实上投入更多的精力。

如果你打算让你的公司变得卓越并且做到基业长青，如果你想在你的公司里建立起"落实力"文化，就必须做到两点：第一，你自己必须坚持实事求是；第二，确保企业在管理和发展中始终以实际为基础。

> 企业管理者抓落实不能流于表面，也不能眉毛胡子一把抓，要盯住关键目标和主要问题，牵住落实工作的"牛鼻子"，这样才能抓到实处。

注重实际的确不那么容易，因为客观实际在很多时候与"美梦"并不完全一致。尤其在与其他公司比较的时候，要做到面对现实就更有考验性了。

⊙ 务实重行

落实，即决策或计划的实现。领导者的职责，一是做决策，二是用干部，三是抓落实。

落实抓得如何直接体现领导力，也直接体现一个领导者把事办成的能力。

我们都熟知的一个响亮的名字——华为，是世界级的奇迹。从当初6个人筹资21000元起步，发展到目前有全球达20万员工，2021年位列世界百强企业44位，是世界500强企业中唯一一家没上市的公司。华为也是当今世界上重要的舆论焦点之一。近几年美国对中国高科技公司发起的封锁和极限施压，也给华为带来极大的挑战。但是，华为依然顽强崛起，成为民族的骄傲，这自有它成功的缘由和特质。其最大特点就是不光是任正非一个人具有落实型的气质与风格，并且他自上而下广罗与造就了一大批极具落实型的管理者。

从华为的干部选拔制度来看，就有这样两条规定：第一，做出突出业绩的团队，晋升干部的机会更大；第二，连续完不成业绩目标的团队，管理者要免职，副职虽然保留，但不得直接晋升为正职。华为的这种干部任用晋升制度不仅确保了在具备成功实践基础的团队中优先选拔人才，同时也规定了对失职的管理者的处理办法。虽然正职需要承担主要责任，但副职同样没有尽到应有的辅佐职责，因此也不能晋升。

这无疑强调了一个最重要的精神——务实，即要求管理者要具备强烈的落实观念，踏实的办事能力，一切看结果。

抓落实的一个重要前提，就是要把事情搞清楚、弄明白，要坚持在各项落实的环节中把项目进展、问题和重点吃透拿准。对发现的问题，要清清楚楚地列出来，从任务项目化到项目清单化、再到清单具体化，明确落实办法，这体现的是一个环环相扣、步步递进、层层细化的实践逻辑。

落实是梦想与现实之间最短的距离，也是最有效的方法。落实型的领导者会全心全力地经营自己的企业，不会只动口不动手，而会适时参与，随时了解目标的完成情况，以加强全过程的监管与指挥。

⊙ 以身作则

如果要建立"落实力"强的企业，领导就必须以身作则，领导是否这样做将决定企业经营的成败，这同时也是落实型领导与一般领导之间的主要区别。领导必须身体力行，唯有如此，才能影响所有员工的行为方式朝领导希望的方向转变。从而最终建立起落实文化，并将企业打造成一个落实型组织。

华为老总任正非有一句名言："自律永远是成本最低的管理。"

众所周知，军人出身的任正非向来以自律著称。他自创建华为之日起，就严于律己，以身作则，凡是要求别人做到的，他自己率先做到，从不搞特殊化。

2013 年，任正非去日本出差，回来后不经意将 100 多元的洗衣费放到差旅费用中报销了，被内部审计部查出后，任正非不仅退还了多报的费用，还在全公司通报批评自己。

在别人看来原本是一件小小的事情，甚至是微不足道的事情。可任正非毫不含糊，从自身做起，严格要求自己，在公司内树立了以身作则的榜样，影响和感染着公司所有的干部和员工。

　　的确，作为企业的管理者来说，尤其是企业的领头羊，其一言一行都落在别人的目光里，影响着周围和下属的观念与行为。一个不理性的错误决定，往往会使公司付出惨重的代价。

　　罗先生是一家位于四川中部的食品厂的总裁。在公司发展徘徊不前的时候，他了解到这是产品质量造成的问题。找到问题之后，罗先生开始了他的改进计划。他避免了紧锣密鼓的方式，他认为，这种方式除了在精神上给员工带来沉重的压力之外，不会有太多的好处，这种负面效应会抵消产品质量改进后的相当一部分成果，罗先生采取了渐进的手法。他请了广告策划的专家，以轻松愉快的形式向员工灌输产品质量意识，使之深入人心，不断得到巩固，从而成为员工的自觉意识。不仅如此，罗先生还经常走出他的办公室，就产品质量问题和员工们展开讨论，交换意见。他收集了许多质量改进的设想建议。

　　罗先生的努力终于换来了成果。全公司形成了严格的质量意识，公司的销售额直线上升。可就在年底，细心的员工发现了这样一个让人为难的问题：此次出厂的一批罐头虽然仍受到顾客的欢迎，但遗憾的是，这批罐头在密封方面存在一定的问题，不符合公司对此环节的严格规定。就是否继续发货这一问题，员工们犯难了，他们把问题摊上了罗先生的办公桌，等待着罗先生的回答。

　　罗先生的回答让每一个员工都感到意外："照发不误"。以后的事就不用再叙述了，罗先生就为这简短的一句话毁去了自己的所有努力。他自己制定了关于产品质量的严格标准并要求每个人严格执行，可现在，又是他自己违背这个原则做出了决定，打破了原来在下属心中形成的质量至上的铁律，渐渐地，问题越来越多了……

其实，当员工们把要不要发货的报告呈上来的时候，罗先生就应该清醒地意识到：自己的回答无疑是告诉他们，所有制定的要求大家严格遵循的规则都是一纸空文，毫无意义，随时都可以撕毁、推翻。这无疑是自己搬起石头砸了自己的脚。

正所谓上行下效，既然管理者都可以言行不一，出尔反尔，自己作为下属，更没必要去遵守那一套东西。不可避免的是，公司的产品质量如江河日下，一日不如一日。在这危急关头想要再次力挽狂澜，恐怕就非一朝一夕之事了。

二、战略目标与实际相结合

⊙ 确保目标切实可行

领导者大多倾向于制定较高的目标，较高的目标会给各个方面一个较好的心理预期，但必须注意到，如果目标高得超出了企业的能力所及，即当目标与现实脱节时，这时的目标将变得毫无意义，只不过是领导者的一项良好的愿望而已。

企业是实业，企业领导要做的是实事。因此，在制定目标时，领导者就要从外部环境和企业的实际情况出发，决定扩大哪些业务、压缩哪些业务，确定企业经营结构和产品市场战略。

也就是说，企业目标的制定要切实可行。那么到底该怎么做呢？研究表明，最佳的目标是具有一定难度的目标，既能激发和拓展人的能力，又是通过努力可以达到的。当人们面对一定的困难和挑战时，将会付出更多的努力。有一定难度的目标，能持久地激励人们争取实现目标，而不是放弃努力或满足现状。

例如，美国的波音公司曾经确立过一个"6年内降低成本30%"的目标。在制定这个目标之前，决策者通过研究发现"降低成本 30%"具有一定的挑战性，但他们又通过对其他公司类似的调查与认证，确认了"6 年内降低成本 30%"是可行的，之后才确定了这一目标。

作为管理者，我们需要明白，战略的终极目的是实现目标。

关于目标的制定，"现代管理学之父"彼得·德鲁克在其著作中发表了目标制定和管理的"SMART"原则法。SMART 原则由五个英文的首字母组成，S=Specific，M=Measurable，A=Attainable，R=Relevant，T=Time-bound。所对应的中文意思：明确具体的，可量化的，可实现的，相关联的，有时限的。

SMART 原则法，意在强调制定目标时需满足以下 5 个条件：

1. **目标必须是明确具体的（Specific）**。运用 SMART 法则设立目标的时候，不要仅仅只说想要把某件事情做好，而是要将想要达到的目标具体罗列出来，然后将大目标分解成具体的小目标实施。

2. **目标必须是可以量化的（Measurable）**。目标应该是明确的，而不是模糊的，应该有一组明确的数据作为衡量是否达成目标的依据。如果制定的目标没有办法衡量，就无法判断这个目标是否能实现。

3. 目标必须是可以实现的（Attainable）。任何好的目标一定是切合实际的，是我们通过不懈努力，加劲冲刺一下就能触摸到的前景。

4. 目标必须和其他目标具有关联性（Relevant）。意思就是目标分解的每一个小动作，都应该与主要目标相关联。

5. 目标必须有明确的时限（Time-bound）。制定目标必须要考虑完成的时间。如果一项目标没有时间作为前提和约束，就等于给落实者找到了无限期拖延的借口，这样显然是不行的。

⊙ 根据实际情况适当调整目标

许多企业在制定目标时十分注意目标的明确性和可落实性，但最终他们依然没有达成既定目标。为什么呢？最主要的原因是他们没有根据环境的变化及时调整目标。环境是多变的，当市场环境发生变化时，落实出现了困难，原本正确的目标就可能不再具有指导性了。这时如果不对目标进行调整，那么以前的计划越得到落实，企业就越无法实现目标，甚至可能遭遇更大的经营风险。

克里斯托夫·高尔文是摩托罗拉公司创办人的孙子，性格温和，为人宽厚。1997 年，他接任公司的 CEO。

自 2000 年以后，摩托罗拉的市场占有率、股票市值、公司获利能力连连下跌。公司本是全球移动通信业的龙头，但在全球移动通信市场的市场占有率只有13%。2001年第一季度，摩托罗拉公司更创下了15年来第一次的亏损纪录。

是什么原因造成摩托罗拉的衰败？除了全球经济不景气以及大环境的种种不利影响以外，公司CEO高尔文也应承担一定的责任。

高尔文很少采取措施去了解公司的经营状况，也不清楚员工的情况。他一个月才和高级主管开一次会，在写给员工的电子邮件中，谈的尽是如何平衡工作和生活。

几年前，摩托罗拉准备推出一款叫"鲨鱼"的手机。在讨论进军欧洲市场的计划时，高尔文问："市场资料真的支持这个决定吗？"行销主管回答"是"。但事实令行销主管和高尔文大吃一惊，随着文化理念的变革，欧洲人更喜欢轻巧、简单的机型，而"鲨鱼"手机太厚重了，结果在欧洲市场节节败退。

在"鲨鱼"手机事件中，高尔文没有根据实际情况对预定目标进行及时的调整，对实际情况的变化"后知后觉"。

作为一个领导者，如果不随时了解实际情况并对目标给予适当的调整，目标就根本无法实现。

当然，当意外情况发生时，领导者也不能一律以降低预期论处，最关键的是找到问题并加以解决。

一家电子产品公司对其生产的微型印刷电路板要求很高，制定了质量合格率目标，以提高产品质量和顾客满意度。

　　有一次，该公司生产的微型印刷电路板质量突然下降了。公司领导人约翰知道后马上来到生产车间，与工人们一起查找产品质量下降的原因。

　　经调查，在工艺、设备及操作人员方面都没有出现错误，而且不合格产品的出现很有规律，周一早上不合格的产品最多，周一下午慢慢下降，到周二下午就不再出现不合格的产品了。但人们始终找不到产品质量下降的原因。

　　为什么周一早上生产的不合格产品最多呢？带着这个问题几经查找，约翰终于查到产品不合格是由自来水引起的。原来，生产过程所用的水需要有一个高度的净化过程，其纯度要求很高。在此之前，公司换过一些功能不好的水龙头开关，而这些新换的开关是硅质材料制造的，在周末放假期间，水就停留在水管内，硅质材料便溶解到水中，从而使水质恶化。

　　每个周一早上上班生产时，打开水龙头以后，在水管内停留了一个周末、被硅质材料污染的水，便立刻流进了印刷电路溶解槽内，故使周一早上不合格的产品最

多，到了周二，这些受污染的水已经完全用光了，所以周二以后就不再出现不合格的产品了。

问题的原因找到了，更换了那批不合格的水龙头，产品的合格率又达到了目标标准。

有时，企业无法完成预定的目标，未必是因为目标制定得不合理，而是企业内部潜在的问题阻碍了目标的达成。所以，当企业未能完成目标时，要先了解实际情况，积极找出问题并加以解决。在上面的事件中，如果约翰不是积极地寻找问题根源而是降低产品质量合格率标准的话，一方面产品质量无法保证，另一方面迅速增加的成本也会让公司不堪重负。显然，这对公司是相当不利的。

三、让落实者参与决策

⊙ 企业的决策计划该如何制订

决策是现代企业管理中的核心内容。决策正确无误,各项事业就能按预期的目标迅速发展;决策失误,本来可以成功的事业也会遭受失败。作为企业来说,决策的重要性不言而喻。

那么,企业的决策计划该如何制订呢?有的领导者自己着手制订全部的计划,让下属完全按照战略计划去落实;也有的领导者干脆把所有的规划工作都交给下属去做,然后让他们按照自己制订的计划去落实。但在这两种情况下做出的决策都不会很理想。因为,领导者毕竟不如落实者对组织的实施能力以及市场的实际情况更为了解,如果不让落实者参与,最终制订出来的计划可能就是难以付诸实施的;而如果完全让落实者去制订战略计划,领导者放手不管的话,也会出现矛盾。业务部门更多地只考虑本身的利益,而没有多少人能真正从整个公司的大局出发,这样的战略计划很可能会以损害其他部门的利益或者公司的长远利益为代价,换取某个业务部门的成长,这就得不偿失,而且会使公司矛盾激化，分裂公司的整体能力。

所以，一份优秀的战略计划应当是由领导者制定出最核心的部分，也就是发展方向，具体的行动计划应当由落实者来共同参与制订。让落实者参与制订战略计划，可以帮助他们更深刻地理解企业所面临的商业环境，增强分析、判断能力，并且通过开放式的对话，加深他们对战略计划的共同认识，从而在落实的过程中同心协力，增强团队凝聚力。

IBM 的前任 CEO 郭士纳每逢要做重要决策时，他总是寻找那些负责落实的人员去收集信息，然后分析判断，做出方向性规划，再由大家一起制订战略计划。例如在他意识到 IBM 的服务将可能成为其主要竞争优势的时候，他去找 IBM 的"整合系统服务公司 (ISSC)"的负责人丹尼了解情况。丹尼给了他很好的信息和建议，同时也告诉他实施向服务转型的难度：大服务战略既与 IBM 的传统销售观念相左，也会给财务管理体系造成麻烦。

郭士纳经过慎重思考，还是决定公司要向服务转型，但鉴于 IBM 的具体情况，采取了保守的步骤。郭士纳与有关落实人员进行了充分的讨论，因而战略计划具有可行性，尽管后来遇到了许多麻烦，但都顺利解决了，并最终赢得了战略的胜利。

⊙让落实者参与决策的好处

有落实者参与的决策不但可以减少战略失误，而且还更加有利于战略计划的有效落实。

第一，战略计划是由具体落实人员共同商讨制订的，这就可以避免落实人员由于不理解战略计划的内涵而导致落实失误。这种落实失误在领导者一人制订所有战略计划而后又未同落实人员进行充分沟通的情况下是很容易发生的，落实失误是相当多的企业之所以没有把纸上的战略变成实际行动的重要原因。

第二，由于落实人员参与了战略决策的制订，所以对于不折不扣地落实计划会产生强烈的渴望，就像人们总是可能会做自己所参与决定的事情并力求取得自己所希望的结果一样。如果落实人员对于战略计划的落实怀有强烈的渴望，计划的落实工作就一定会不打折扣地完成。

第三，由于高层领导只负责指明方向，具体的行动方案是由员工落实者做出来的，所以行动方案就更加切合实际。比如企业打算占领某一新的市场空间时，如果一切决策都由高层领导做出，那么他很可能会把产品的价格定得过低，或把销售人员的销售定额定得过高。而如果这些具体策略交由具体负责的人员做出的话，他们就可根据这个新的市场的实际情况做出更加合理的行动方案。给具体落实人员一点权力，对于他们及时解决阻碍落实工作顺利进行的突发事件十分有利。

美国一家航空公司在制订"为客户提供最贴心的服务"这一战略的

同时，还给了服务第一线的员工一些处理紧急事务的权力。一天，公司总部接到一名分部经理打来的电话，那个飞机场输送乘客行李的传输带不能工作了，那位经理说："我们已经采取了一些应急措施，现在现场状况良好，乘客并不需要等待太长时间就能拿到自己的行李，员工们已经累得满头大汗了，所以我们请求公司总部能迅速派两名技术人员帮我们对行李的传输带进行维修。"显然，公司下放给下属的权力发挥了很好的作用。

第四，由落实者参与制订战略有利于落实文化的培养和树立。让落实者参与战略计划的制订，可以帮助他们更深刻地理解企业的处境，而且在他们为具体的行动制订方案的过程中，不但能力得到了最大限度的发挥，而且使他们的思考更具战略性，因为他们必须回答像如何在行动中发挥组织的特长、如何用最简捷的方法取得预期的目标等问题。在这个过程中，他们会不断加深对战略计划的共识，从而在落实的过程中同心协力，增强整个团队的凝聚力。

诺基亚公司总裁奥利拉说："我们没有把诺基亚当成一个只有少数几个精英才能说话，其他人只能循规蹈矩地听着的地方。"公司每制订一项计划都必须有落实人员在场，并且允许他们发表自己真实的想法和观点。只有一项计划完全得到落实人员的同意和赞成了，才能被确定，然后相关的负责人才能进一步制订计划，并委派专门的小组负责。每一个员工在落实过程中发现计划存在失误时都有权提出异议，并做出适当的修改。

正如米切尔（诺基亚在福特沃斯分厂的生产经理，他在庞大的诺基亚全球员工中只是一个小"芝麻官"）所说："诺基亚从不像其他的大公司那样官僚习气严重，在具体落实一项计划时，上司从不规定你必须用什么方法来做，每个小组都有完全的自由决定权。除了某些必须共同遵守的标准以外，你可以自行决定具体的行动方案，只要方案是符合事实且有利于预期目标实现的。"

不仅基层管理者从不强迫自己的下属按照自己的行为方式做事，公司最高层领导包括总裁兼首席执行官奥利拉也从不武断地做出决定。非技术出身的奥利拉，在说到 WCAMA、GPRS、HSCSD 或其他专业术语时，他和其他对技术不在行的高层管理人员总会谦逊地往后站，而让那些技术专家自

> 对于企业领导者来说，决策绝不能搞"一言堂"。因为，一个人或"小集体"的力量毕竟有限。要尽可能地避免决策失误，就要建立民主科学的决策制度，这是实现决策科学化的前提。

由讨论问题。"我们总是让最了解情况的人做决定。"这是诺基亚制订战略和做出决策的最高指导原则，同时也保证了诺基亚战略的正确性和有效落实。也正是由于这种对"最了解情况的人"的尊重和权力赋予，诺基亚才形成了强大的团队精神和凝聚力，保持了企业的活力和卓越的"落实力"。

⊙ 群策群力的管理模式

"群策群力"实质上是疏通内部意见的程序，其宗旨是使包括最高经营者在内的全体职工提出各自的意见，集思广益，寻求共同的解决方案。最终的目的是让各部门的各级成员都能直接参与确定公司目标、决策及成果，以便使每一个决定都得到有效落实。

1989 年 1 月，通用公司一年一度的碰头会在佛罗里达举行，韦尔奇总裁向到会的 500 名高级总经理宣布了一项规划，即实行群策群力的管理方式，聘请高级顾问和商学院的教授协助实施，而且强制执行。其内容是，举行各阶层职员参加的讨论会。在会上，与会者可以做三件事：动脑筋想办法；取消各自岗位上多余的环节或程序；共同解决出现的问题。先期的群策群力讨论会主要是建立信任，最基本的模式是大家可以自由发表意见，然后逐渐上升为一种理念。

这种管理方式始于 1989 年 3 月，一时间，像爆米花一样在通用电气公司的许多部门得到贯彻。

讨论会都遵循同一模式，职员们称之为"城镇会议"。由落实部门从不同岗位抽出 40 至 100 人到会议中心或某一宾馆。会议为期三天，先由上司简要提出议程安排，然后在一名外聘助手的协助安排下，与会者分成五六个小组，分别讨论某个议题。小组讨论进行一天半，列举弊端，讨论解决方案，为第三天的议程草拟报告。

会议的第三天尤为重要，它赋予"群策群力"这一管理模式以特殊的生命力。小组代言人逐一汇报，提出小组的建议和主张。按规定，上司可做出三种答复：一、当场拍板；二、否决；三、要求提供更多的情况说明，但须在固定日期内答复该小组。

"群策群力"的大部分理论基础包含着诸如工人的参与、信任感和下放权力等平凡甚至有些陈旧的观念，拆除了"蓝领"和"白领"的界限，不同岗位、不同层面的职员集中到一起，针对某些问题研究提出建议和要求，当场确定实施意见。这种管理方式，减少了大量的中间环节，提高了行政效率。

最能体现群策群力作用的例子是"博克牌"洗衣机的诞生。在通用电气公司的家电部有一个专门生产洗衣机的工厂。从1956年建厂以后的30多年间，经营得不尽如人意，生产出来的老式产品卖不出去。1992年损失了4700万美元，1993年上半年又损失了400万美元。1993年秋，公司决定卖掉这家企业。这时候，一个名叫博克的公司副总裁站出来说："这么多工人怎么办？请给我一个机会，我一定想办法使公司转危为安。"博克先生首先召集了20个人，采用群策群力的方法，用20天时间向总部提交了一份改革报告，韦尔奇总裁支持这个建议，马上批了7000万美元对企业进行技术改造。

"群策群力"讨论会的结果不仅带来了明显的经济效益，而且让员工广泛参与管理，感受运用权力的滋味，从而大大提高了员工的工作热情，使工作规划得到了有效的落实。

这种"群策群力"活动推动着公司的高层领导者更多地去放权，更多地去行动，更多地去听取意见、关注落实。他们应该信任别人，也应该被别人所信任。领导层确实有做出最终决策的权力，但同时还拥有同样的责任来使人相信特别是使提出建议的人相信这些决策是合乎实际的。领导所做出的决策应该为部下所理解，并具有强大的感召力。

四、不但要确定目标，还要确定执行目标的步骤

⊙ 确定具体而清晰的目标

如果企业的目标仅仅表达了一种"意愿"，这些目标将形同废纸。落实型领导者设立的目标，要能够转化为各项具体的、清晰的、明确的、可以测度的工作实际。

明确具体的目标就是指引企业航行的灯塔，有了它，企业之船才能满载货物靠岸。假如这灯塔不是明亮易见的，航船不仅到不了岸，还有触礁沉没的风险。

要提高企业的"落实力"，就必须制定足够清晰、具体的目标。

一百年以前，美国电话电报（AT&T）公司的领导者就为公司制定了这样一个宏伟目标：成为誉满全球的电话机供应商。该公司的员工一直以这个目标为努力方向。到了信息技术突飞猛进的今天，AT&T 公司重新制定了他们的总体目标——成为世界信息管理和革新的主力军。这

一明确、具体的目标，为员工的努力指明了方向。

再比如，1990年，沃尔玛制定了这样一个目标：在2000年前，在原有的基础上把商店数目增加一倍，使每平方米营业面积的销售额增加60%。这对于沃尔玛的员工来说，是一个非常明确、具体的奋斗目标，公司从上到下都力求去落实和完成这个目标。

企业的目标清晰、具体，在落实时就便于突出重点，也就有利于最终目标的贯彻落实。从某种意义上来说，具体而清晰的目标应该像航空公司的飞行时间班次表。时间表上说明某班飞机上午九时自洛杉矶起飞，下午五时抵达波士顿。如果当天波士顿气候不佳，有大风暴，班机便不宜按时间表直飞波士顿，而应该在匹兹堡降落；但是，任何航线却不能因此而没有时间表和飞行计划。临时的改变必须立即反馈，以便产生另一新的时间表和飞行计划。但一家航空公司如果制订好一套时间表和飞行计划，结果竟有90%的飞行不能遵守，那么这家航空公司恐怕就得另请飞航管理人了。

企业的目标，不是命运的指引，而是方向的指标；不是命令，而是承诺。企业的目标，不能决定企业的将来，但可以"动员"资源和能力，从而创造企业的将来。

总之，企业的目标，应该是具体、明确、清晰的。只有这样，才能够保证目标的贯彻落实，最终达成目标。

⊙ 分解和细化目标

企业每提出一个目标，都应该随之提供便于落实的分解目标，否则，再正确的目标也只能成为一个中听不中用的口号。

一般情况下，海尔企业目标是按"集团——本部——事业部——各职能部——责任部门——个人"的方式来分解和细化的。

海尔集团 1999 年的方针目标是："实施国际化战略，强化内部市场链，发挥员工的源头作用，整合市场资源，保持高速稳定发展，创立国际驰名的海尔品牌。"这个总目标制定后，各事业部根据集团目标，结合自身发展方向，制定出各自的方针目标，如冰箱事业部的 1999 年方针目标为："强化市场意识、危机意识，推广全员互为市场的咬合机制，形成人人超越自我、提高素质、提高效率的氛围，实现产品技术和产品形象的升级换代，推动市场稳步提高，争创国际驰名品牌。"其下属部门也制定出与事业部目标相符又具有自身特点的目标，层层下达，层层分解，事业部的员工根据工作的不同，也纷纷制订了自己的奋斗计划。

目标分解以后，从集团一直细化到个人，最重要的是这个目标链中各级子目标该如何落实下去？这个问题，海尔是通过几本账来解决的：即从集团到个人的目标细化中，每一级目标都有一本详细的"账本"OEC 台账，通过它把对于某一目标落实的详细进度计划，按时间的先后顺序，把目标分解到每一月甚至每一天，最后形成年度 OEC 台账、月度 OEC 台账和我们前面曾经谈到过的日清。

"集团——本部——事业部——各职能部——责任部门——个人"是把总目标分解到每一个具体可行的分目标，为一个纵向的分解方式；对于总目标和分解的每一级子目标来说，把它们分别按时间加以分解，是一种横向的方式，这样便于在落实的过程中能够对进度有全面的监控，一方面是为了最大限度地使目标在落实的过程中不产生偏差，另一方面是便于对落实的效果有一个量的考核标准。由于部门的不同，这些台账的格式或许多少会有差异，要根据实际情况把工作中的敏感部分、薄弱环节、重点部分单列出来，严格监控实施，使目标的不同部分有轻重缓急之分；细微的工作也会如愿地完成。

日清控制体系是目标体系得以实现的支持系统。该体系关键的环节是复审。张瑞敏在日清中重点抓管理层一级的复审，对复审中发现的问题随时予以纠正。

日清控制表现在企业经营管理上，分三个层次，即经营决策层的日清，职能管理层的日清，生产作业层的日清，且各有不同的重点。但在实际运行中，则要求各部门、各层次必须环环相扣，上下衔接，左右协调，从而构成一个动态循环体系，使日清控制工作持之以恒地进行下去，成为员工进行自我管理的一种自觉行为。

> 企业的目标管理就是通过把目标层层分解，而落实到实处的过程。倘若不知道做目标拆解、细分，从很大程度上来说，也就谈不上落实、执行。

日清项目紧紧围绕既定目标展开，日清的目标指标是事先预定的，实际完成情况必须针对目标项目和实际情况，以量化的数据来说明效果。目标有主项和辅项之分，以示主次矛盾。日清的程序是自下而上地报审，如事业部部长应该将当天本事业部的状况及问题、措施向本部部长汇报，并自审、自评。

⊙平衡长期目标和短期任务

战略目标必须以适时的方式进行，它必须与企业所面临的竞争环境和企业自身条件的变化结合起来。这就意味着，在制定长期目标的同时，还必须考虑到企业的短期任务。考虑如何在短期或中期获得阶段性成就，这是实现长期目标的重要保证。

对于一项战略计划来说，把握好短期和长期之间的平衡是至关重要的。

在制订任何一项计划的时候，必须同时考虑到必要的成本和可能的收益，必须注意在实现长期目标的同时保证短期效益。

包强是一位部门经理，他曾经向总经理提出过一个看起来非常完美的计划，如果总经理接受该计划的话，在开始的一段时间内，公司的成本会下降，但随后会出现较大的上升。

他告诉总经理："我们很可能在三年之内无法实现收益增长，因为这段时间属于计划启动期。"总经理告诉他："包强，对于一家公司来说，它无法承受如此巨大的代价。一项合理的计划必须保证短期利益和长期利益的平衡。如果我们为了实现长期收益而牺牲短期收益的话，计划实施人员的热情就会大大降低。"

当你逼迫人们考虑这类问题的时候，他们所表现出来的想象力和革新精神是难以想象的。

不久，包强回来对总经理说："我们可以保证短期利益，因为现在我发现它的长期收益并不是那么诱人。我们可以卖掉一些并不适合我们的部门，通过这种方式，我们可以把成本降低10%——从另外一个角度来讲，这就是一项巨大的收益。我们可以采取四五项措施来弥补新产品开发阶段公司所面临的损失。"

结果，他们把整个企业团队投入到新计划的实施当中，并最终取得了成功。

要想成功，就必须将长期目标和短期任务结合起来，只有这样，才能更好地迎接可能的挑战，在实现短期利益的同时，为企业的长期发展奠定基础。

零售业巨子沃尔玛就是采取长期目标与短期任务相结合的方法。沃尔玛长期的目标是要做全球零售业的领袖，短期的目标是稳步推进，积极适度地扩张。短期任务与长期目标的相互配合使沃尔玛很快成为美国最大的零售企业。随着短期战略目标的实现，沃尔玛逐渐走上了向外扩张的国际化道路，成为世界品牌。

⊙ 确定执行目标的步骤

在复杂的组织当中，如果没有事先设定清晰的目标步骤，各级部门之间在进行决策时很可能就会陷入无休止的争论之中。

作为一名领导者，你必须为自己的组织设定一些步骤清晰而又比较现实的目标——这将对你公司的总体绩效产生非常重要的影响。

2000 年 8 月，世界最大的零售连锁集团任命了一名新 CEO。当时的形势非常严峻，竞争对手咄咄逼人。沉浸在"革命性"的远景目标当中的这家连锁集团一味把自己的目标放在电子商务和其他一些类似的目标上面，这就使他们放弃了对自己核心业务的关注，公司股票价格因此一落千丈，一年之内下降了 2 / 3。

公司高层管理团队敦促新 CEO 建造更多的商店，以此来扭转公司的颓势，但这位来自一家落实型企业的 CEO 果断地坚持了自己的立场，他认为公司目前的问题正在于目标不够集中，建造更多的商店只会使这一问题变得更加严重。有鉴于此，他把改进现有商店的业绩水平放到了更加优先的位置上，集中公司所有的人力物力来提高总边际利润额和可比销售额 (也就是说，比较而言，同一家商店的销售额应该是不断增长的)。

为了实现这些目标，他重点采取了三个步骤。首先，他向十位直接向自己汇报的下属解释了这些目标，并和他们就具体的实施方案——如何实现这些目标，需要克服什么困难，应当如何改革激励系统等——展开了讨论。然后他召集100名商店执行官举行了一次为期两天的研讨会。在会上，这位CEO清晰地向执行官们阐述了公司目前的情况，这种情况产生的原因，以及应如何摆脱这种情况，并实现更高的增长；哪些因素，比如说物流，正在影响着公司的成本结构；商店和营销部门之间存在着哪些配合上的问题，这些问题会给公司带来什么影响，等等。他为公司下个季度的工作制定了非常明确的目标，并与大家一起讨论了实现这些目标的具体方案。在执行官们离开之前，每个人都为自己随后90天的工作制定了明确的计划。最后，他又为公司的几百名营销部门负责人和商店经理举行了一次类似的研讨会。

这一系列的改革措施最终结出了丰硕的成果，截至2001年12月，这家公司的利润得到了巨大的提高，而它的股票价格也实现了近一倍的增长。

任何一个组织都不可能同时进行多个目标，更不可能全都做好，因此，组织必须设定目标的先后次序，然后才能集中力量来努力。

如果想同时实现多个目标，工作人员必然发生混乱，弄不清到底要干什么，结果导致哪个目标也没能实现。另一方面，企业的资源都是有限的，金钱并不是万能的，真正需要的有奉献精神、执着而努力的人也是不多见的。让他们忙于各式各样的事情却没有重点，会使他们变得平庸。同时，让员工兼任无关紧要的工作，也会引起他们的不满或导致生产效率的下降。

五、为战略决策做好宣传

⊙ 让员工了解战略

如果你是一家大企业的总经理，必须推动重要的新战略，你要不要让员工了解新的战略方向？事实上，员工为落实新战略所需要做的行为上的改变及努力，远高于让客户接受新产品。因此，如果企业没有像促销新产品一样来宣传，没有运用一套缜密的流程来告知员工新的战略方向和落实方式，那么，该战略的失败是可以预见的。

企业在推出新战略时，必须让所有员工都充分了解该战略，以使战略能落实到他们的日常工作上，用更新更好的方式创造绩效。美国信诺保险集团财产及意外险事业部的总裁艾森指出："最困难的是建立明确的战略计划，并让所有的员工了解他们如何在该计划下发挥贡献力。每位员工都需要被教育，以了解他们的日常落实工作会如何影响公司整体的成败。"

这是从上至下的沟通，使员工能在工作岗位上找出协助企业达成战略目标的方法。

有时，企业的员工人数可能多达几万至几十万人，向如此众多的员工做宣传需要制订一个持续的、全面的计划。不过，一些企业认为推动战略落实是一蹴而就之事，在高级管理层形成共识之后，他们就匆忙地让员工分享这些新想法，但随后便不再进行大规模的宣传，于是员工往往会把这些新想法当成是未来的计划，可以暂时搁置起来，最终将其抛在脑后。

多项研究显示，只有少于 5% 的员工了解其企业的战略。换言之，大多数公司的实际现况是，高层主管并未让一般员工知道企业的新战略方向。若员工不清楚企业愿景，便不可能了解为实现该愿景而设计的战略；不能了解企业愿景及战略，员工自然无法在日常工作中提升及改变做法，也就谈不上对战略的落实做出巨大贡献。

因此，战略宣传应该成为持续不断的管理过程。正如韦尔奇的法则一样，"重复、重复、再重复，直到让几十万人接受一个想法。"

那些无论对内对外宣传促销的专业技巧和方法，都可以用来做内部的战略沟通。不过，我们必须把它们纳入一项综合的宣传计划，以便把员工和本公司的战略长期地联系在一起。制订这样的综合计划时，应首先解决下列问题：

（1）这项宣传战略的目标是什么？

（2）这项宣传战略的对象是何许人？

（3）针对每位对象发出的信息是什么？

（4）对每位对象采取的宣传途径是什么？

（5）宣传战略每个阶段的时间框架是什么？

（6）如何评估宣传战略取得的效果？

对基层单位进行公司战略的宣传是落实战略的必要前提，但这些宣传计划同时应满足保密的要求。一项好的战略必须是明确和公开的，必须确定特别的客户和细分市场，并且能够确定特别的机制防止竞争者染指这部分市场。不过，有必要让公司的数千甚至数万名员工都对这项战略了如指掌吗？答案是否定的，因为这样会使作为竞争对手的其他公司很快就会了解这一战略——可能是被开除的员工泄密，也可能是不善于保守秘密的经理们和员工们随意讨论这一战略时被别人听到。过早地透露新战略的内幕会使竞争对手有所防范，使新战略的威力减弱。

鉴于此，每个企业都必须对公开向员工宣传战略以及这样做给企业造成的影响进行评估。

一种中和的方式是把业绩量度指标的情况，以及推动工作表现的量度指标传达给员工，但经理们应该对目标市场和竞争方案等重要信息守口如瓶，只告诉那些必须了解情况的员工。

⊙ 宣传的方式

一个企业有许多途径可用来向员工宣传战略，常见的包括：

（1）会议：最初，高层主管可以利用会议介绍一些观念，当观念建立后，可利用会议简报展开对企业的战略绩效及对未来发展方向的讨论。

（2）宣传手册：一页描述企业的战略目标及其量度指标的说明。

（3）月刊：起初用来介绍说明总的战略，接下来可以刊载如何提升绩效的战略行动方案，并定期提供战略绩效测评的报告。

（4）教育训练：将落实战略列入教育训练课程，强化员工以新的方式来运作及创造战略绩效。

（5）公司内网：将战略目标放在公司内部网络，加入高层主管的声音影像，陈述企业整个战略并解释个人目标、量度、指标及行动方案。

在设计各种宣传方式时，企业应做到细致规划并"因地制宜"——根据自身的特点，或放弃，或选用，或另辟蹊径。

摩托罗拉对战略的宣传是这样的：首席执行官阐明战略主题的背景和理由，解释必须达成的目标，并说明当前业务状况与目标间的落差。所传达的信息是易于了解且有感染力的，接着各层面的经理人再往下沟通强化这些信息。

作为全世界电子通信界的先驱，摩托罗拉还采取了超越传统的宣传方式。首先，各部门通过召开卫星通信会议，说明新的战略行动方案。其次，首席执行官每周发一封电子邮件给所有员工，说明战略行动方案的进展。最后，公司还在互联网上建立了互动式的 CEO 网站，以提供每日新闻，内容包括公司股价、说明重大事件的摩托罗拉时间、新产品、服务及战略联盟，这些新闻每天都能吸引很多员工进入此网站。此网站还有员工对目前战略方案了解的测试以及 60 秒员工意见调查，测试内容大多是关于首席执行官战略主题的是非题及多选题，测试的结果可以帮助宣传部门评估战略宣传的成效。

除了每日更新的资讯外，CEO 网站还为员工提供一项"速览"，以帮助他们了解首席执行官的经营理念及对重大事件的观点、高层决策的背景和理由、企业整体战略行动新方案的讨论，以及企业整体落实的进展与现状报告。为了凸显相关讯息，网站上还展示具体的实际成功案例，落实战略为行动的个案探讨，以及褒扬突破传统组织和绩效的局限而成功的人。

CEO 网站因不断更新资讯及深入内容而成为摩托罗拉员工最常浏览的网站。宣传部门指出，若要"战略的落实须由基础做起"，就得"运用有效的宣传，将战略落实为每个员工的工作"。

第三章
落实的硬件通道

　　这里所说的硬件通道，好比人体里的动脉、静脉、毛细血管等，是管理系统中一些有形的要素，像组织结构、薪酬设计、绩效评估、奖励与惩罚等，是从目标、任务这个起点，通过落实到达结果这一终点的看得见的管道。硬件通道的建设是任何目标、工作得以落实的基础性保障。

一、组织结构与"落实力"

⊙ 组织对落实的重要性

落实是决策者、管理者的事，也是普通员工的事，更是整个组织的事，组织才是落实的主体，领导者和员工都只是参与者。

任何一个企业的运行主体都是组织，无论这个企业大或小。领导者是企业的决策者和总落实者，员工是企业的实施者、单个目标的落实者，而推动领导者有效领导员工使计划得以落实的是组织。

大家都知道，戴尔公司的直销方式和根据订单进行生产的运营方式是其企业核心。任何一家进行直销的公司都会具有这种优势：它们能绕开零售商，对定价有效控制，并拥有一支只服务于自己产品的销售队伍。但戴尔公司的真正秘诀是：他们拥有一个可以适应市场变化的有效组织。这个组织建立了自己的运转模式，比其他竞争对手更能出色地完成目标，而其他一些同样采取直销模式的失败企业于此虽然也有一个伟大的目标，但没有一个有效的组织去落实。他们的高级管理团队每年往往只花不到半天的时间来对企业计划——人员、战略和运营进行评估。

在大多数情况下，这些评估没有体现出任何的互动性，人们只是坐在那里看表格和幻灯片，他们不提出任何问题。他们的领导者总是认为落实是属于战术层面的，他们认为自己应该投入"更大"的战略。而员工则认为"落实"只是属于"品质"方面的，沟通以及合作与他们无关，策略、战术、运营与他们更是风马牛不相及。

这种想法彻底错了。正如我们前面所讲的那样，落实不只是一个战术问题，它是一门学问，也是我们上面所述的一个连结点。这个连结点的含义是：落实渗透到策略、战术、运营以及团队合作、品质、沟通的各个层面，并将这六个元素整合在一起。同时，决策者是落实者，运营者是落实者，团队也是落实者。

由此可见，要想提高整个企业的落实效率，就必须构建良好的组织结构，设计并保持好组织的各个系统。科学有效的组织结构是确保管理效率的基础，是企业实现短期经营目标和长期战略目标的平台，也是为企业进一步发展而助力向前的关键。

⊙ "落实力"是组织的意义所在

所谓"落实力"组织，可以理解为，一个组织为客户创造价值的内部合作方式和特征。对内表现为一种凝聚各种资源和能力的聚合力，对外表现为一种适应环境的进化力。根据麦肯锡对全球 700 家企业的研究，企业的组织力与业务绩效呈高度相关性，良好的组织力是提升经营业绩的坚实基础。

关于企业"落实力"组织的意义，华为老总任正非曾说："人感知自己的渺小，行为才开始伟大。一个人不管如何努力，永远也赶不上时代的步伐，更何况在知识爆炸的时代。只有组织起数十人、数百人、数千人一同奋斗，你站在这上面，才摸得到时代的脚。"可见，企业"落实力"组织是决定企业成败的关键。

但要知道，唯有基于有效的组织结构设计，才能发挥落实的威力，进而使组织获得竞争力，并提供实用、合理的方法，为企业里的每个阶层、每个环节创造价值。

"落实力"组织的构建不仅强调聚焦远景的战略规划，而且需要落实到具体的流程；不仅强调制度的全面建设，而且需要落实到具体的操作规范；不仅强调奖惩分明的激励机制，而且需要进行合理的岗位设计。伴随这一系统化展开过程的，是对落实原理的不断领会，对"落实力"的不断修炼，并最终在落实者的思维、行动中形成一套系统的落实观念。以此为出发点，"落实力"组织就不仅仅是"落实力"文化的载体，也是"落实力"文化的根基。

> 一个企业要充满活力地蓬勃发展，必须摆脱对任何具体人的依赖，凭借组织机制的力量，才能平稳地超前迈进，更长久地生存下去。

曾经有人问史蒂夫·乔布斯，在他创造的那么多产品中，哪件最令他骄傲？你可能马上会想到他的那项伟大发明——苹果手机，但乔布斯并不这么认为。他说，他所创造的最令他自豪的产品是他曾经打造的团队

——从 20 世纪 80 年代的麦金塔电脑团队，到 2011 年 4 月他退休前组建的精英团队。虽然乔布斯因著名的苹果手机产品而闻名，他自己却以打造了一支伟大的团队而自豪。可见，他是多么看重他的"落实力"组织的团队。

我们要懂得，企业"落实力"组织包含了组织结构、运作机制、考核激励、人才能力、文化价值等诸多要素，这些要素之间必须协调一致才能奏效。此外，为适应外部环境的变化，组织还需要根据情况不断地调整变革。

二、构建落实型组织系统

⊙ 适应战略的落实型组织结构

企业的组织结构与企业战略之间的关系是前者服从于后者。企业战略的变化会导致组织的变化。当企业改变战略时，其现行的结构有可能变得无效。这时就要求调整现有的组织，使其服从于战略的需要。具体来说，组织结构与战略的主从关系表现在以下四个方面：

第一，领导者的战略选择规范着组织结构的形式；

第二，只有使组织结构与战略相匹配，才能成功地实现企业的目标；

第三，与战略不相适应的组织结构，将会成为限制、阻碍战略发挥其应有作用的巨大力量；

第四，如果一个企业在组织结构上没有重大的变化，则很少能在实质上改变当前的战略。

对战略——结构关系最早进行研究的是艾尔弗雷德·钱德勒，他对美国100家大公司进行了考察，追踪了这些组织50年的发展历史，并广泛收集了如杜邦、通用汽车、新泽西标准石油以及西尔斯等公司的历史案例资料后，钱德勒得出结论说，公司的战略变化要先行于并且导致组织结构的变化。

　　具体地说，钱德勒发现组织通常起始于单一产品或者产品线生产。简单的战略只要求一种简单、松散的结构形式来落实战略。这时，决策可以集中在一个高层管理人员手中，组织的复杂性和正规化程度都很低。当组织成长以后，他们的战略变得更有进取心，也更加复杂了。从单一的产品线开始，公司通常采取合并供货或者直接销售产品到顾客手里等办法，在既定的产业内扩大活动范围。

　　以通用汽车为例，它不仅装配整车，同时还拥有制造空调装置、电气设备以及其他汽车配件的企业。这种纵向一体化战略，使组织单位之间的相互依赖性增强，从而产生了对更复杂协调手段的要求，而这可以通过重新设计结构，按照所开展的职能来构建专业化的组织单位来取得。后来，公司进一步成长，进入产品多样化经营阶段，这时结构需要再次调整，以便取得高效率。这种产品多样化战略要求这样一种结构：它能够有效地配置资源，控制工作绩效并保持各个单位之间的协调。而组建多个独立的事业部，让每个部门对一特定的产品线负责，则能够更好地达到上述要求。

⊙ 发挥组织部门化的功效

　　部门化的根本目的在于分工，这是因为分工可以提高工作效率。部门化就是将不同的工作以及相应的人员组编成可以管理的单位。创建可管理的单位的过程，通常是组织构架的第一步。通过部门化过程而设立的许多单位，联合成组织的总体构架，在本质上是以工作为中心的，决定部门化的最普遍的基础是职能、产品、顾客和地区。

（一）职能

职能是指组织机构中相互联系的活动。按照职能划分部门的方法，是基于这样的假设：很少有人能对各个方面的知识样样精通，规模小的公司，业务量小，只需要很少的管理人员，因此，往往是一个人管理许多事情。从某种程度上说，这种管理效率是很高的，因此，不需要其他的协调方式。在规模较大的公司中，管理业务及管理人员都增加了，就显示出分工的极大优越性，组织管理划分为若干个职能部门，遵循职业化、专业化的原则，就能简化职业训练工作，使人力的利用上获得更高的效率，从而提高组织的"落实力"。

（二）产品

拥有不同产品系列的公司常常根据产品建立管理单位，在大型、复杂、多品种经营的公司中，按照产品划分部门成为一种通常的准则。这样划分，使公司的注意力及努力都放在产品上，这对于激烈、多变的市场环境是非常重要的。按照部门划分还可以使分部成为以利润为中心的责任中心，承担总公司的部分责任。最重要的是它使公司能够避免部门的无限膨胀所带来的管理上的复杂化，避免降低组织的"落实力"。

（三）顾客

这种部门划分方式主要适用于那些顾客群体特征明显的公司，如飞机制造企业可以设立民用飞机部门和军用飞机部门。

（四）地区

由于交通不便，有些规模大的或者业务在地理位置上比较分散的公司可以采取这种方法。在划分部门的过程中，一是要充分利用专业化的优点，进行合理的分工；二是要力求管理与协调上的便利，例如装配部门，根据需要可以设置在销售部门之下；三是要体现重视的原则，部门的设立和取消，体现出公司对不同业务的重视程度，从而对不同的业务人员产生影响。

华为公司采用的就是部门化形式的组织结构。具体来说，华为将公司的业务分为多个不同的部门，每个部门负责不同的业务领域，如消费者业务、运营商业务、企业业务等。每个部门都有自己的管理层和团队，负责制订和实施相应的业务计划和战略，推动业务的发展和增长。

部门化形式的组织结构具有以下几个优点：

1.职责明确。部门化形式将公司业务分为多个部门，每个部门有明确的职责和任务，使得工作职责清晰明确，避免了职责不明的情况出现。

2.提高效率。部门化形式有利于专业化和分工，每个部门都有自己的专业团队和管理层，可以更加专注于自己的业务领域，提高工作效率和生产力。

3.促进创新。部门化形式可以促进内部创新和竞争，每个部门都有自己的业务计划和目标，可以在竞争中不断创新和提高业务水平，推动公司的整体发展和创新。

4.便于管理。部门化形式可以使公司的管理更加便利和灵活，每个部门可以根据自己的业务发展情况制定相应的管理策略和方法，有利于公司的整体管理和发展。

华为采用部门化形式的组织结构，在各个业务领域均有一定的成就和优势。通过这种形式，华为可以更好地分配资源，提高效率和创新能力，从而取得更大的成果。

⊙ 确定恰当的管理跨度和组织层次

一旦确立了如何进行部门化，就会立刻出现组织结构的另一个问题：即一个人究竟能指导多少部门，每个部门的管理人员能够有效指导多少下属人员。管理跨度决定了组织所要设置的层次，配备的管理人员和员工。

组织工作的目的是使人们更有效率地合作，一个管理人员可以有效管理下属人员的数量是有限的，这就是管理跨度的概念。这也决定了一个组织存在着管理层次。从组织"落实力"的角度而言，组织的层次应该尽可能的少。其原因在于：一是组织层次越多，费用就越多；层次越多，用于管理方面的精力和资金也就越多：因为管理人员和协助管理的人员增多了，协调各部门活动的需要增加了，再加上为这些人员提供设施的费用，从会计角度称之为"管理费用"。公司真正的盈利是由生产人员、采购人员和营销人员的活动来创造的，过多的管理人员及其配套设施导致的费用将会大大侵蚀这些盈利。二是部门的多层次把交流复杂化了。有很多层次的公司通过组织结构向下传达目标、计划和指令，比一位最高层管理人员直接与雇员联系的公司要困难得多。层次的增多，会使信息在向下传递的过程中更容易发生遗漏和曲解，也会使从基层到上级人员的信息沟通复杂化。三是众多的层次会使计划工作和控制工作复杂化。高层可能具有明确又完整的计划，但是经过一级一级布置下去，计划失去了协调性和明确性。层次也会使控制更加困难。

在由美国管理协会对 100 家大公司的调查中发现，向总裁汇报工作的人数从 1 人到 24 人不等，只有 26 位总裁拥有 6 人或者不到 6 人的下属，最常见的人数是 8 人，平均数是 9 人。

一位管理人员能够有效管理的下属人数取决于内在因素的影响。除去理解力强、善于与人相处、获得人们忠诚和尊敬等这些个人品格之外，最重要的决定因素是管理人员减少上级花在下级身上的时间的能力。这种能力当然因管理人员及其工作的不同而异，但是有几种因素在实质上影响这种接触的次数和频率，因此也影响着管理的跨度。这些因素主要有：下属人员的培训，明确的授权，明确的计划，客观的标准应用，交流方式的应用，必要的个人接触。

⊙ 了解组织结构的四种基本形式

组织结构的主要形式有：职能式组织结构，事业部式组织结构，矩阵式组织结构，网络化组织结构。这些组织结构的形式各有其优缺点以及适用的情形，组织要根据实际情况进行选择。

（一）职能式组织结构

当一个组织中的关键竞争因素是专业知识、效率和质量，而且它的外部环境相对稳定时，职能式构架比较好，能够促进规模经济。统一的制造工厂能使一个组织购买到高效的机器，减少重复和浪费。这种构架也可通过提供给雇员明确的职业阶梯（业务提升）促使他们的职业技能得到发展。小企业倾向于按职能设置组织构架（集中化的），职能式部门岗位的设置，名称以"职能"来称呼，如研究与开发部、制造部、销售部、财务部，这些部门直接受总经理或老板的领导，这是使用最普遍的组织结构之一。

职能式结构的最大优点是明确。在职能式的组织之下，每一个人都有一个自己的"家"，每一个人都能了解其自身的任务。职能式组织是一种具有高度稳定性的组织。

（二）事业部组织结构

当为了开发新产品、满足客户期望或保持市场份额而需要进行协作时，采用事业部式构架运行比较好。可以在中等或大规模组织中看到多样化战略的采用，如生产多种产品，进入不同的行业和市场，对不同的顾客服务，在不同的地区进行产品的销售等。因为每个事业部都有完整的职能资源，所以它可以对自己的产品、市场、顾客或地区的需求做出响应，当需求改变时也能快速适应。大中型企业一般采用战略事业部式组织构架。

事业部式结构经常被大规模的组织采用，如通用电气公司在全球有16个事业部；惠普公司则由测量系统、计算机产品和计算机系统三个事业部组成，中央职能培训为财务和行政管理部门。事业部与职能部的区别在于，事业部组织以各业务环节的产品、地区或客户为中心重新组合，它的优点是能够适应环境的变化，追求的是将注意力瞄准客户、市场、产品和技术，并有具体的量化指标加以衡量。它更加贴近客户，能及时了解客户的需求和偏好，从而抓住商机，使组织资源与外部环境的联系更加紧密，随时启动迅速调节功能以适应灵活多变的市场环境。

（三）矩阵式组织结构

矩阵式结构的出现是企业管理水平的一次飞跃，当市场环境一方面要求具备专业技术知识，另一方面又要求每个产品线能快速做出变化时，就需要矩阵式结构的管理。如果说，职能式结构强调的是纵向信息沟通，事业部式结构强调的是横向信息流动，那么矩阵式结构就是将这两种信息流动在企业内部同时实现。

与前两种结构不同，矩阵式结构需要根据企业具体的管理行为加以判断。而企业是否应该实行矩阵式管理，应该依据下面三个条件来判断：

1. 中等规模，拥有中等数量的产品线，在根据不同产品灵活地使用人员和设备方面，组织结构有很大压力。

2. 市场环境对两种或更多的重要产品存在要求。

3. 组织结构所处的环境条件是复杂和不确定的，要求无论在纵向还是横向方面，要有大量的协调与信息处理。

矩阵式结构的优势在于能使人力、设备等资源在不同的产品与服务之间灵活分配，组织能够适应不断变化的外界要求。主管的问题在于如何控制他们的下属。由于员工接受两个主管的同时领导，不自觉的员工可能会利用这个机会钻空子，造成主管对其管理的真空化。因此，职能和产品主管必须一起工作，解决问题。

另外，员工接受双重领导，经常能体会到焦虑与压力。员工的两个直接主管的命令有时会发生冲突，在这种情况下，员工必须和他的两个主管保持良好关系，表示出对这两个主管的同等尊重。

（四）网络化组织结构

网络型组织结构是一种很精干的中心结构，以契约关系的建立和维持为基础，依靠外部机构进行制造、销售或其他重要业务经营活动的组织结构形式。采用网络型结构的组织，他们所做的就是通过公司内联网和公司外联网，创设一个契约"关系"网络。由于网络型组织的大部分活动都是"外包""外协"的，因此，公司的管理机构就只能是一个精干的经理班子负责监管公司内部开展的活动，同时协调与外部协作机构之间的关系。

⊙落实型组织的变革

有效落实必须建立一个动态的"落实力"组织。同时，这个"落实力"组织也是变革的载体。变革只有落实在组织上，在组织内扎根，才会有真正的根基。

不仅如此，变革的程度在未来一定会增加，不管在频率或程度上，都将如此。商业环境的快速变化直接加速了更新换代的速度。如果你的新陈代谢不是足够快，那么，你很可能就无法在下一个 10 年继续生存。事实上，驱动变革的因素，如资讯整合、电脑及通信技术的发展、网络的普及等，都将持续进行，并在彼此之间形成循环，不断成长。地理区域的界限也将持续消失，一个真正的全球经济体系逐渐形成。这些驱动因素的效果被新兴的电子商务经济所强化。

因此，企业作为一个不断发展的组织，不可能不面对变革的考验。变革最大的危机，恰恰不是变革内容本身，而是如何去实施变革，对于国内的企业经营者来说，由于缺乏可供借鉴的经验，这一点尤其突出。为此，我们必须学会在变化的商业环境中把握相对稳定的因素。

随着企业外部环境和内部环境的变化，组织部门化的设置当然必须根据情况适时地进行调整。如早在 2009 年，任正非就提出要精简部门，以求更好地发挥组织部门化的功能和效应。2020 年 10 月，华为创始人任正非再次强调了华为组织架构的调整，并指出必须改变落后的管理机制阻碍公司发展进步的情形。

商业历史证明，凡是机械地用一种成功的方法去套用到不同的组织形式中，不一定都会成功。一个落实型的组织需要变通，而不是墨守成规。这就是为什么我们在谈到"落实力"组织时，还要去强调"变革"的缘由。

三、部门间的合作

⊙ 协调组织内的各个部门

所谓跨部门协作是指没有隶属关系或指导关系的不同部门以横向沟通的方式进行协调、合作。跨部门协作的特点是部门各有独立的职责，互不隶属，但又必须通过协作才能达成共同目标。

一个组织分成若干个部门后，如果各个部门各自为政，不能够统一协调起来，则目标的落实将变得十分困难。让各个部门协调起来、同步行动，是落实的基本要求和前提条件。

IBM 的机构之复杂，在全世界是出了名的。它不仅规模大，地域分布范围广，而且更重要的三个方面的不足是：第一，几乎每一个组织甚至每个人都是 IBM 实际的或者潜在的客户，IBM 不得不为全世界大大小小的每一个机构、每一个行业以及每一种类型的政府机构提供服务。第二，基础技术发展的比率和速度也使得 IBM 的结构趋于复杂。因为新的科学发现不断地对建立在常规基础上的战略计划和假设进行冲击，而且，在 IT 行业里，每年都会出现数十个新的竞争对手。第三，由于 IBM

的员工基础特点，每一位员工都对公司的管理有个人的见解。

IBM 经过多年的演化逐渐形成了一种二元结构：拥有实力的产品事业部，负责处理基础技术方面；拥有同样实力的海外分部，负责处理 IBM 在全世界范围内的扩张。这种结构没有关注客户的意见，而是都致力于保护自己的利益。

产品的情况也大致类似，美国本土的产品在其他地方常常买不到。这相当麻烦，但 IBM 似乎并没有从全球的角度为客户考虑，也未曾把自己的技术观点建立在客户需求的基础上。这种复杂的结构和产品情况使得各个部门各自为政，很难统一协调起来，在很大程度上妨碍了公司几乎每一项运营计划的落实能力。郭士纳就任 CEO 后，决定打破地域分割和各自为政，重整 IBM 内部的基本权力结构。

作为企业，无论是部门与部门之间，部门与人之间，人与人之间，都必然存在沟通协调的问题。企业内部的沟通和协调与企业经营的成败存在着千丝万缕的联系。尤其在世界经济日益全球化的今天，沟通与协调的重要性越来越被人们所认识。

从 1995 年年中开始，郭士纳以客户为基础，将公司划分成 12 个集团：11 个行业集团 (如银行、政府、保险等) 和 1 个涵盖中小企业的行业集团，然后给所有这些集团分配了财会人员。这在很大程度上增强了 IBM 各个部门之间的协调性。后来，IBM 又针对市场宣传混乱的局面，建立了一个统一的市场营销部门，选择了一家广告代理商，使得产品的宣传有了一个统一的窗口。

⊙ 把各个部门组成一个齐奔目标的登山队

作为一个组织，尤其是作为一个组织的领导者，避免内耗无疑是其主要任务之一。把各部门组建成一个有共同目标的"登山队"，指引大家互相携手，共同攀登，早日到达目标顶点。

指挥单位的大小与发布号令、命令、训令等有很大的关系。在使用扩音器播放广播体操的时候，一个人足以指挥成千上万的人，是因为这成千上万人的动作是一样的。而对于每个人的工作内容不同的情况，则一个人往往只能指挥几个人，还可能指挥不好。

必须指出的是，领导者在进行工作编组的时候，一定要注意，每个人只能接受一个上级的号令。如果出现一个人同时需接受两个上司的不同命令的话，那这种编组的方法就是不当的，很可能给工作开展造成损害。

此外，领导者在组织中可以采用梯级式管理，就好比很多人喜欢登山。登山需要有强健的体魄，真正的登山活动一般都在夜里出发，不眠不休地到达山腰，然后在拂晓之前一鼓作气地登上山顶，从而体会那种征服的感觉。

假使领导者将登山的方式引用到单位的工作中，会怎样呢？

其实每个部门都像是登山者，他们干自己分内的事，喜欢主宰自己掌管的一切，因为这种征服的成就感实在是太美了。

任何领导者都必须知晓：

1.各个部门成员愿意靠自己的意思来实行，能按自己的意愿规划实施一件事，无疑证明了自己的价值，是相当具有吸引力的。同时，能有机会发挥显示自己的实力，无疑也是为今后的提升积累资本，而从中获得的充实感和成就感也是其魅力所在。

2.以现有的事业为基础，向更广阔的前景发展是所有成员的愿望。在探索和开拓过程中，每进一步都意味着成绩的取得，因而情绪会一直处于兴奋状态。

因此，从某种理想化的意义上来讲，各部门成员更像是一个个具有旺盛斗志的登山者。那么，领导者就应当正确地引导他们的攀登方向及攀登方式。

领导者在向部门分配任务时，只需从大方向上把握，告诉他们你的期望与需求，仅此而已，具体的内容不必过于苛求。只需为他们设定大的框架，而具体的落实方式就放手让他们去做，他们肯定乐此不疲。别忘了，每个人的最大愿望就是自己规划，发挥全力，开拓空间，有自己的一片天空。

领导者更像是战略战术的设计者，让各个部门按照你事先设计好的战略路线与方向，一步一个台阶地向前发展，完成你的"登山目标"！

⊙ 设立专门的落实机构

一般企业的通病，就是"事情好说难做，更难落实"。落实不到位，是企业管理的一个非常薄弱的环节。国内某传统制药厂时常将工作的落实放在会议上、口头上、文件上而无实效，董事长在经过长时间的反复考虑之后，认为要解决落实难这个顽疾，必须成立一个专门的落实机构。

1999 年，作为厂区改造的一部分，也是作为年初公布企业要办的 10 件大事之一，为了提升制药厂作为一个现代化制药企业的形象，这家药企的大门建设工程动工了。但是，已确立和公布的完工日期临近，大门的建设却只进行过半。对此，一位普通的职工看不下去了。他提笔给药企董事长写了一封信，指出企业脸面工程是公司公开承诺的，如果落实不了，不能如期完工，就会成为丢脸工程。

董事长阅信后对此事非常重视，同时他敏锐地意识到，这不是一个简单的工程问题，而是企业的一个工作作风问题，是一个落实问题。再好的思路，再好的措施、政策，如果落实不了，也只能成为空谈。他下定决心，从抓落实入手，全面扭转企业的工作作风，提高工作效率。1999 年 8 月，这家药企成立了"落实办公室"（以下简称"落实办"），专职负责督促、检查、落实企业布置的各项重点工作。落实办遵循"天天督导，月月落实"的落实理念，以企业方针目标工作、领导月度工作、主要领导重要批示及办公会、调度会、专题会等确定的工作为主要内容，以推动工作见到实效为目标，抓大事要事，重时效数量，更重工作质量，通过督促、检查、考核、公布等一系列工作环节，全力推动企业各项重点工作的完成，提高整体工作效率。

2001 年，"落实办"在只有 3 人的情况下，创办了自己的月刊《落实与督导》。2002 年，"落实办"围绕企业里的 500 大项、5000 小项工作，督促落实 40000 余次，并逐一将完成情况在月刊《落实与督导》中公布。企业全年工作总完成率高达 95.5%，比"落实办"成立前的 40% 左右有着极大的提高，企业和员工实实在在尝到了抓落实的甜头。

落实就是"严细"，一是一、二是二。"落实办"工作凭实据，落实到位与否，以实际效果说了算，由此使"落实"落到实处。

四、薪酬设计的"落实"指向

⊙ 薪酬设计的战略意义

"你衡量什么，你就得到什么。"设想一下，如果你打算提高公司的营业收入，但是在设置公司的薪酬体系时，却仅仅对节约成本的行为设置了奖惩措施，而对你的目标却不置可否，那么员工肯定不会将注意力投放到增加营业收入的活动上去。因此，如果你希望既定的战略能被顺利落实，就要根据战略规划对落实进行相应的奖励和引导。

由于薪酬体系通常是指薪资、奖金、股份等的分配方式，所以有人形象地将其比喻为"分蛋糕"的艺术。但从本质上来说，薪酬分配的目的绝不是简单地"分蛋糕"，而是通过"分蛋糕"的激励形式使企业今后的蛋糕做得更大。价值分配绝不仅仅是一项技术工作，更是一种战略思考。因此，在设计薪酬体系时，必须弄清楚其根本目的，而不是局限于解决企业眼前的薪酬问题和人力资源部的专业工作，否则，眼前的问题暂时解决了，薪酬体系也建立起来了，但新的问题一旦出现，薪酬体系又无法适应了，甚至会阻碍企业的发展。如果经常变动企业的薪酬体系，必然会给企业带来动荡，引发一系列问题，给企业带来不良的后果。企业薪酬分配的根本目的可总结为以下三点：

（一）强化企业的核心价值观

一个企业的核心价值观决定着企业能活多久，它并不是写在墙上的口号，而应该是企业的战略抉择和是非判断的基点。它表达了公司存在的意义，明确了公司倡导什么、反对什么。企业的核心价值观不能只装在企业家一个人的脑袋里，还必须准确地传达给每一位落实者，并渗透到员工的思想中。只有公司的核心价值观为全体员工所认同，企业内部才能创造一种共同语言，才能从思想到行动形成一股合力。那么，如何通过薪酬分配来强化企业的核心价值观呢？这可以从两个方面来考虑：

1. 各种分配形式的设计。如公司强化绩效导向的文化，则奖金的设置比例要大；如公司强化能力导向的文化，则工资的设置比例要大。

2. 考核与分配的结合。有效的分配必须建立在客观的评价之上。各种评价要素及权重的设计，可以强化不同公司的文化特征。如公司强化员工之间的团队协作，则考核要素中就要加大团队协作的考核权重。

（二）支持企业战略的落实

价值分配的基础是什么？是价值创造。因此，价值分配必须以价值评价为依据，根据员工对企业战略落实的实际贡献来分配价值，其基本评价点为：

1. 外部竞争性。如果一个企业采取的是成本领先战略，则价值分配必须强调内部经营管理效率的提高；如果一个企业采取的是产品差异化战略，则价值分配必须鼓励员工的创新行为。

2. 内部公平性。公司战略的落实过程是一种全员行为，必须加强各部门的协作效率，因此必须根据各类人员对公司总体目标的实际贡献度进行客观的价值评价，并在价值分配中保持内部的相对公平性。

（三）培育和增强企业的核心能力

由于外部市场环境的易变性和不可预测性，因此许多企业开始运用基于资源的竞争战略，即通过培育企业内部的核心资源优势，使竞争对手在短期内难以模仿，从而赢得竞争优势。

企业的核心能力包括：技术创新能力、管理创新能力、市场响应能力、资源配置能力、员工学习能力、响应变革能力、自我批判能力等。一个企业应该深入分析企业发展所依靠的核心能力是什么，并在价值评价中给予认可，从而对公司内的关键岗位，在薪酬分配上给予倾斜。

> 合理的薪酬设计不但能有效地激发员工的积极性和主动性，提高企业效益，而且能在人力资源竞争激烈的知识经济下吸引和留住一支高素质、具有超强竞争力的员工队伍。

⊙ 薪酬设计的三个层面

基于企业薪酬分配目的的差异，在设计薪酬体系时必须体现个性化特征，更重要的是以企业整体战略和"落实力"为基础，而不能简单地照搬其他公司的薪酬体系。应在整体薪酬分配结构中首先考虑各项分配制度的独特作用和相互关系，再从技术层面上来设计各项分配制度，使其有效地运行。具体而言，设计薪酬体系时要从公司战略、制度、技术等三个层面进行思考。

（一）战略层面

每个企业的存在都有其自身的意义，人力资源战略必须与企业的发展战略和价值导向匹配，这样才能驱使人的行为朝着企业倡导的方向转变。也就是说，在设计薪酬体系时，必须赋予企业之"魂"。只有从战略上着眼，系统化地设计薪酬体系，才能达到薪酬分配的根本目的。

（二）制度层面

制度是战略与理念落实的载体。在战略指引下，制度设计的方向更加明确，制度的存在才有意义。在设计薪酬体系时，我们要避免孤立地去考虑单个制度，这是一个很容易犯的错误。因为企业在由小到大的发展过程中遇到的问题不同，因此薪酬体系设计的出发点也不同。许多企业的薪酬体系都是在企业的发展过程中逐步形成的，如去年设计了工资制度，今年设计了奖金制度，明年还要设计股权制度。企业在设计这些制度时往往没有考虑工资、奖金、股权之间的关联性，而且设计这些制度的人可能也是不同的。因此，不能对薪酬体系进行系统化的结构设计，可能会造成各种制度都强调各自的导向，而不是发挥各项制度的协同作用。尽管各项分配制度的设计要有个性化，但薪酬系统的组合要发挥整体效能，其最终目标是：以落实为指向，实现企业的战略目标、提升企业的外部竞争能力、促进内部组织的均衡发展。

（三）技术层面

薪酬设计技术是操作层面的事情，但许多人力资源专业的人员经常陷入技术误区，采用各种所谓先进的科学方法来设计制度，而没有从战略层面的落实指向的角度来思考制度设计。因此，经常发现企业管理层对人力资源部设计的制度没有感觉。技术是制度设计时运用的方法，而不是出发点，但如果没有技术，也很难设计出能够有效运作的制度，且会给制度的落实带来困难。

⊙奖优罚劣，才能有效落实

传统的平均主义的薪酬体系已经不能适应现代企业的发展，更会对企业"落实力"造成损害。奖优罚劣、论功行赏已经成了现代企业薪酬制度的主流，对于抓"落实力"的企业更是如此。

如果你希望在企业内建立起"落实力"文化，如果你希望员工能够达成既定的目标，甚至超越目标，如果你希望员工能充分发挥积极主动性，你就必须注意企业的薪酬框架。你的薪酬政策必须与绩效挂钩，加大对优秀员工的奖赏力度，使优秀员工与普通员工的薪酬有明显的差距。否则，干好干坏一个样儿，谁还愿意多付出努力，为公司做贡献呢？

通用电气公司前总裁杰克·韦尔奇曾说："我力图确保在每一天的经营中，最有效率的人得到最好的待遇；同时，我们必须察看那些绩效最差的人，并给予一定的处罚。"

要在公司里建立起"落实力"文化，仅有奖励是不够的，对那些明显绩效差的员工，要予以惩罚。对此，强生公司的CEO拉森先生是这么说的："'强生'是一种信用的象征，而并非纯粹的商业标志。"他说，"公司的声誉有可能在瞬间被毁掉，所以我们必须十分谨慎小心。员工们无论做了什么，只要损害了顾客对我们的信任，那他们将不得不被我们辞退。"

作为一个管理者，奖罚一定要分明。如果奖罚不分明，其后果是相当糟糕的。

第一，会打击员工的积极性。如果一个管理者奖励了一个不该奖励的员工，而把应该受奖励的员工忽略了。把优秀的员工晾在一边不管不问，这会严重挫伤他们的积极性，并且使员工们形成在这个公司出色地工作还不如投机取巧的想法。

> 薪酬设计的关键是要达到两个核心目的：一个是效率，一个是价值。通过薪酬设计体系可以实现效率优先、兼顾公平、可持续发展。

第二，奖罚不明会失去公司的优秀人才。举个例子，在一家小型炼油厂里，有个肯钻研的小伙子，他通过多年的实践经验，摸索总结出了一套改进设备以提高出油率的先进方案。他把这个方案提交给这家炼油厂的经理，经理却不屑一顾地对他说："我招你来是为我做事，不是叫你去干那些不三不四的事。这样不是耽误我的正事吗？回去后给我好好干活儿！"

按理，经理应该提倡技术革新，对从事技术革新并做出成绩的下属大加赞扬并予以奖励。而这个经理不但没有给做出革新成绩的下属奖励，反而把他臭骂了一顿，致使那个员工回去之后愤而离开，转投到另一家炼油厂去了。

　　奖惩只是一种管理手段，奖惩分明会对工作的落实起到非常积极的效果。如果没有做到奖惩分明，一定会使落实的结果偏离初衷。

五、绩效管理的"落实"指向

⊙绩效管理以提高"落实力"为导向

在整个绩效管理的过程中，必须注意"落实力"的提升。只有在绩效管理实施的过程中倡导"落实力"，企业才能更快更好地改变员工的行为方式，使之改进工作业绩，提高自身的"落实力"。无数的事实已经证明，企业要想建立起落实文化，提高整个企业的"落实力"，必须在绩效管理中加入"落实力"的内容，并把这一内容作为重点。此外还要求各级管理者在绩效管理的全过程中起到榜样作用，否则企业无法实现员工行为方式的改变。

华为公司的整个战略框架核心用两句话来概括，一个是以客户为中心，另一个是以目标为导向。在确定战略目标的基础上，非常关注业务的重点，包括订货、发货、收入，还有增长率的一些指标等。在 HB 的基础上，各个部门制订未来一年的年度计划，再形成后续管理团队的关键绩效指标 KPI，以及主管个人的绩效指标。

KPI 的设计有三种方法，分别是：外部导向设计法（标杆基准法）、内部导向设计法、综合平衡计分卡。其中，综合平衡计分卡是最常用、最全面的绩效管理工具。华为的 KPI 考核指标就是基于综合平衡计分卡建立起来的。

绩效管理是"向上承接战略，向下激活组织"的管理过程，它不仅仅是一个结果，而是包括了绩效目标、绩效辅导、绩效评价、结果反馈四个循环的管理过程。

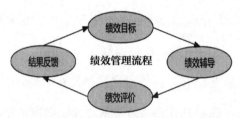

目标管理环节的核心问题是保证组织目标、部门目标以及个人目标的一致性，保证个人绩效和组织绩效得到同步提升，这是绩效目标制定环节需要解决的主要问题。

华为的绩效管理以实现企业价值增长为目的，由个人绩效和部门绩效两种形式组成，注重管理者和员工的互动及责任共担，它将绩效考核看成一个企业管理过程，以目标为导向架构绩效管理体系，向上承接战略，向下激活组织。

客观地说，在实际运用过程中，华为的绩效管理体系有很大的借鉴意义。但是，不同的企业，自身的情况有一定的差异，所以在进行绩效管理制度设计和推行时，也需要综合考虑自身的特点和环境的作用，包括计划、流程、组织、战略、文化及企业发展阶段等诸多因素。

⊙ 全视角绩效考核

随着企业的高速发展，大部分企业会面临内部管理难以匹配高速增长的业务需求的问题，因此企业亟需强大的内部管理来支撑业务发展，而绩效管理则能很大程度地影响企业的核心竞争力和管理能力。

实践证明，全视角绩效考核是提高企业"落实力"的一个卓有成效的考核系统。据最新调查，在《财富》排出的全球1000家大公司中，超过90%的公司在职业开发和绩效考核过程中应用了全视角绩效考核系统。全视角绩效考核系统之所以如此盛行，就在于它有以下几项优点：

●综合性强，因为它集中了多个角度的反馈信息。

●信息质量可靠。

●通过强调团队和内部、外部顾客，推动了全面质量管理。

●从多个人而非单个人那里获取反馈信息，可以减少偏见对考核结果的影响。

●从员工周围的人那里获取反馈信息，可以增加员工的自我发展意识。

但是，该系统也存在一些问题，比如：员工可能会串通起来集体作弊；来自不同方面的意见可能会发生冲突；在综合处理来自各方面的反馈信息时比较棘手。

因此，当英特尔公司在建立全视角绩效考核系统时，他们采取了一些防范措施，以确保考核的质量。

●匿名考核。确保员工不知道任何一位考核小组成员是如何进行考核的，但主管人员的考核除外。

●加强考核者的责任意识。主管人员必须检查每一个考核小组成员的考核工作，让他们明白自己运用考核尺度是否恰当，结果是否可靠，以及其他人员又是如何进行考核的。

●防止舞弊行为。有些考核人员出于帮助或伤害某一位员工的私人目的，会做出过高或过低的评价；团队成员可能会串通起来彼此给对方做出较高的评价。主管人员就必须检查那些明显不恰当的评价。

●采用统计程序。运用加权平均或其他定量分析方法，综合处理所有评价。

●识别和量化偏见。查出与年龄、性别、民族等有关的歧视或偏爱。

从英特尔公司的例子来看，虽然全视角绩效考核系统是一种很有实用价值的绩效考核方式，但它与任何一种考核技术一样，其成功亦依赖于领导者如何处理收集到的信息，并保证员工受到公平的对待。

⊙ 绩效评估的求实性影响工作的落实

传统的机械式评估过程常常会遗漏一个重要因素：在工作过程当中，员工取得成功的方式会对其所在的组织产生怎样的影响？是会增强整个组织的业务水平还是更多地起到了一种削弱的作用？他们完成任务的方式至少和他们"是否完成了这个任务"这个问题同样重要。

在很多情况下，以一种错误的方式完成任务甚至会给这个组织带来毁灭性的打击。

在机械式的评估当中，人们很容易对员工是否完成任务这个问题做出回答：这是他的任务目标，这是他实际完成的水平，两者比较，结果自然就出来了。但在完成这个任务的过程中，是否还有一些其他因素在发挥作用呢？他是否真的力挽狂澜，克服重重困难实现目标，还是以牺牲公司的长远利益为代价而取得暂时的成功呢？在完成任务的过程中，他是否合理地分配了工作？

假设鲍勃和史密斯去年都实现了自己的预定目标，而撒切尔却没有，如果公司领导者采用机械的方式对三个人的工作进行评估的话，鲍勃和史密斯应该受到奖励。但如果详细了解情况的话，就会得到一个截然不同的答案。

鲍勃的成功来得相当容易，他所在的市场发展潜力超出了当初的预期水平；事实上，如果工作足够出色的话，他应该超出预定目标的20%。

而对于撒切尔来说，由于原料短缺导致成本增加，整个行业的利润都普遍呈现出一种下滑的趋势。如果不是撒切尔及时采取措施提高生产力的话，该部门遭遇的损失可能更大，而且她在经营业绩上已经远远超过了其他的竞争对手。

至于史密斯，他所在的行业也遭受了沉重打击，但他还是克服重重困难完成了预定任务。但他的这个成功却是以推迟两种新产品的上市为代价的。同时为了完成销售额，他还强制性地向公司的销售渠道中积压了大批产品——长远看来，这必将引起产品积压，从而给公司带来更大的伤害。换句话说，他是从未来借债来渡过眼前的难关。

实际上，如果说只有一个人能得到奖励的话，这个人就是撒切尔。然而现实一次又一次地证明，在进行业绩评估的时候，人们总是倾向于把数字作为唯一的标准。当那些实际并没有做出太大贡献的人得到奖励的时候，整个组织就会陷入一种混乱的状态。那些真正优秀却没有得到奖励的人将变得非常灰心，纷纷寻找其他的出路。

> 绩效管理是把双刃剑，做得好，能大幅提升员工的工作积极性和生产效率，实现稳定的长期发展；而做得不好，则会导致员工流失、业绩下滑等问题。所以绩效管理必须注重科学、公正与公平。

而正确的评估方法应当是，领导者应当以求实的态度，对被评估者完成任务的方式抱有同样的关注。哪些人能够始终如一地完成任务？哪些人更加聪明、更加富有进取心，能够在面对困难的时候通过创造性的方式解决问题？哪些人只是凭借运气取得了成功，而且丝毫没有采取措施取得更好的结果？哪些人为了完成任务而不惜牺牲整个组织的士气和长期利益？

六、构建流程落实体制

⊙ 优化流程与构建体制

　　企业应通过不断发展完善优秀的业务流程来提高组织的"落实力"，以保持企业的竞争优势。致力于卓越流程的企业比其他企业会更明确怎样组织和管理其企业流程。它们的竞争不仅基于优质的产品，而且基于卓越的具有"落实力"的流程。

　　业务流程并不是具体业务活动凑在一起的大杂烩，而是按照一定的组织程序连结起来的一连串业务活动。也就是说，各项业务活动的开展必须事先经过设计，保持结构上的连贯性。业务流程需要设计一个总体框架，在这个框架下确定需要完成的各项工作，然后将这些工作进行细分，确定具体的落实者以及实施时间、操作地点。有些业务活动还涉及不同的部门，要通过协作才能完成。如果不以业务流程的方式加以管理，势必造成落实方式的混乱，实施业务流程意味着将所有的片段连结成一个完整的过程时必须进行结构性的设计。

　　美国保险业巨头信诺保险集团曾进行了多达 20 项的流程改革，其结果是：经营费用降低了 42％，经营周期缩短了一半，顾客满意度上升了 50％；质量标准提高了 75％。在流程改进中每"栽种"1 美元，在降低成本和提高收入上会收获 2~3 美元。

当公司发起全企业范围的流程改善运动时，他们总是发现这些努力会遇到将最终权力赋予功能的领导结构的阻碍。3M 公司和欧文斯·科宁公司都发现，要迅速地改善流程，必须首先拆除内部的障碍。

流程和功能必须共存，并不意味着两者可以完全和谐地共存。不可避免地，一个人的要求和需要会与另一个人的相冲突。为了管理好不同层次的结构，管理者必须为流程部门和功能部门划分明确的责任。

⊙ 流程至上的戴尔公司

戴尔公司对流程的追捧可谓登峰造极，显示其对落实极为重视。他所运用的直接销售与接单生产方式，并非仅是跳过经销商的一种行销手法，而是企业策略的核心所在。虽然康柏的员工数与规模超出戴尔甚多，但戴尔多年前的市值就已超前，关键就在于"落实力"，而这也正是戴尔于 2001 年取代康柏，成为全球最大个人计算机制造商的原因所在。

> 任正非说：领导力的实质 = 执行力 + 有效的管理。进入华为的员工，不管你是硕士，还是博士，都必须遵守公司的流程制度和规则。

戴尔公司的业务流程体制大大提高了存货周转率，从而提高了资产周转速度，而对于其他大多数企业来说，他们都没有意识到这种变化所带来的巨大收益。周转速度是销售额与企业投入的净资产之间的比率，后者一般指的是工厂设备、存货，以及应收账款减去应付账款的差额。较高的周转速度可以在提高生产力的同时降低运营资本量，还能改进企业的现金流——对于一家企业来说，现金流无异于生命线，并最终提高企业的边际效益和收入及市场份额。

对于 PC 制造商来说，存货周转率尤为重要，因为存货通常是他们的净资产中最大的一部分。当销售额低于预期水平的时候，那些根据传统理念进行生产的公司，比如说康柏公司，都会在处理存货的问题上一筹莫展。而且，许多计算机元件 (比如说微处理器) 的更新换代速度都很快。一旦新一代元件上市，旧元件的价格马上一落千丈。当这些 PC 制造商被迫清理存货的时候，边际利润就很可能会降低到零。

戴尔公司的年存货周转率高达 80 次，而它的竞争对手最多只能达到 10 次或 20 次，相比之下，戴尔公司的运营资本几乎为负。因此该公司得以拥有巨大的现金流，在其 2002 财政年度的第四季度中，它的收入高达 81 亿美元，运营边际收益高达 7.4%，现金流达到了 10 亿美元。该公司 2001 年的投资回报率为 355%——对于一家拥有这样的销售量的公司来说，这种投资回报率几乎是无法想象的。它的高周转速度还使得客户能够享受到最新的技术，并充分享受到元件成本下降的优势——因为元件成本下降通常会导致边际收益增加或价格下降。

这些正是戴尔公司在 PC 行业增长放缓的情况下仍然能够胜出其他竞争对手的原因所在。戴尔构建的落实型业务流程，使它占领了更大的市场份额，从而进一步扩大了自己和其他竞争对手之间的差距。由于有很高的周转速度，戴尔公司能够拥有很高的资本回报率以及强大的现金流 (即使是在边际收益下降的情况下)。这是它的竞争对手根本无法做到的。

　　这种系统之所以能够行得通，主要是因为戴尔公司具有一种良好的流程体制，能够将每一个环节的工作都落到实处。曾经在戴尔公司工作过很多年的制造部门人员，把该公司的系统称为"我所见到过的最棒的且最具'落实力'的流程体制"。

第四章
落实的软件通道

这里所说的软件通道，好比人体里的经络、穴位和神经系统，是管理系统中的一些无形或更深层次的要素，像工作习惯、上下级关系，以及理念、信念、行为规范等文化因素，是为落实达成目标的软件通道。

一、沟通—开放—互动

⊙ 沟通是有效落实的基础

积极充分的沟通是有效落实的基础，如果公司内部无法进行活跃的对话，企业就不可能真正实现有效落实。不管领导者是否愿意承认，绝大多数企业内部确实存在着沟通的障碍。

对于坦诚对话的阻力有时来自领导者本人，有时则来自企业文化，但更常见的无效沟通是由相关人员的疏忽大意造成的。

一位管理专家曾归纳了组织中常见的无效沟通的三种模式："在第一种模式中，工作小组确实发现了一个很不错的企业愿景，接着只开了一两次会或发出几篇备忘录来推销这个愿景。一整年中，小组成员只花了少数时间在沟通上，却对同仁似乎不能理解这个新方向感到惊讶。在第二种模式中，组织领导人花了很多时间对员工团体发表演说，多数主管仍然没有反应。愿景沟通在这种模式中，所花的时间远比第一种模式来得多，但总时数仍然少得可怜。在第三种模式中，工作小组用了更多力气在散发内部通讯和演讲上，一些受人瞩目的高层主管的举动却与公司的愿景背道而驰，结果员工开始冷嘲热讽，对新信息的信任感愈来愈低。"不管你的企业中存在哪种无效的沟通，打破它才是你唯一的选择。当然，要想使组织内的沟通有效起来并不是一件容易的事，毕竟要想改变长久以来的习惯是困难的。但不管有多难，企业也必须去做，因为这是有效落实得以实现的基础。

这一艰苦工程的突破口应该是领导者，只有领导者改变自己有碍充分交流的坏习惯，有效的沟通才有望形成。组织的领导者在进行沟通时必须是开放式的。如果高层领导者采取一种开放式的沟通态度，其他人就会效仿。当然要做到这一点并不容易，对于那些喜欢独断专行的领导者而言，批评和反驳很难得到他们的好感。但要想实现有效落实，领导者必须做出改变，必须真诚地听取反对意见，并随时修改自己的方案。

只有这样，才能避免在本应该进行开放的对话时却上演了恭维、沉默、无言的反对等有害的戏剧。

领导者除了要以身作则、言行一致外，还应在企业内部形成一种真理高于"面子"和"椅子"的文化氛围。活跃的对话的前提是对话者必须坚持自己的思想，如果对话者对自己的同事或领导不能做到不讲情面、不畏权威地发表自己的观点，坦诚对话就不可能实现。只有当企业内部所有人员都形成了对真理的高度崇尚，不去顾及别人的"面子"和"椅子"，才能对对方的观点进行直截了当的批评和反驳，才能进行真正有益于探求真理的对话。

微软公司内部就有这样一种对于真理的狂热追求的文化，任何人在发现别人——不管这个人是自己的上级还是下属——在某一事情上存在着错误的观点或错误的做法时，都会毫不留情地对他的观点进行反驳，并充分地表达出自己的观点，另一方通常会虚心接受并兼收并蓄。这样做通常会取得非常好的落实效果。

在落实之前以及落实的过程中，人们不可避免地要依靠沟通的力量，不折不扣地完成落实工作。只有进行充分的沟通，让每一个落实者都坦诚地表达出自己的真实想法，才能做出一个所有落实者都认同的决策，而这种认同正是让战略决策具体落实到每一个环节上的精神动力。

⊙ 积极开放而互动的对话

积极开放而互动的对话可以使一个组织更为有效地收集和理解信息，并对信息加以重新整理，以帮助领导层做出更为明智的决策。它能够激发人们的创造性，实际上，大多数革新和发明都是在对话的过程中形成雏形的。最后，它能够为组织带来更大的竞争优势。

积极开放而互动的对话的前提是对话者必须解放自己的思想。他们对人对事都不应当先入为主，更不应当在讨论问题的时候有所保留。他们希望听到新的信息，并准备随时改进自己的决策，所以这种人通常会注意倾听讨论中各方的意见，并积极参与到讨论当中去。

当人们敞开胸襟的时候，他们就会表达出自己真实的观点，而不再是为了奉承领导或维持一团和气而说些无关痛痒的话。实际上，一团和气是一些不愿意得罪人的管理者的错误行为，它会扼杀许多人的批判性思维，并最终使得决策成为一纸空谈。一旦这股追求一团和气的风气弥漫到整个公司，所有问题的解决方式都可能像这样：在主要人员离开会场之后，大家马上就会反对他刚才提出的建议；而当他在场的时候，没有一个人提出反对意见。

要想做到坦诚、坦白，谈话就不能过于正式，这也是通用电气公司CEO 杰克·韦尔奇的口头禅之一。过于正式的气氛会给谈话者带来高度的压迫感，而非正式的气氛则能够更好地鼓励谈话者自由表达自己的观点。正式的谈话和演示通常都没有留下很大的讨论空间，而非正式的谈话则是非常开放的，它鼓励人们提出问题，鼓励大家进行批判性的思维，并更多地表达自己当时的真实想法。

在正式的、等级清晰的会议当中，掌握权力的人可以轻而易举地扼杀一个很好的创意。但非正式的讨论会鼓励人们相互评价自己的想法，在这个过程中相互改进，并最终达成一致的意见。在很多情况下，许多听起来很荒谬可实际上能给公司带来突破性进展的创意，都是在非正式的谈话中被激发出来的。

韦尔奇认为，真正的沟通不是演讲、文件和报告，而是一种态度，一种文化环境，是站在平等地位上开诚布公地面对面交流，是双向的互动。只要花时间做面对面的沟通，大家总能取得共识。

韦尔奇至少有一半的时间花在与员工相处上，认识他们，并和他们谈论问题。他至少能叫出 1000 名通用电气员工的名字，知道他们的职责，知道他们在做什么。他说："人类的思想创造是无限的，你只管去与他们交流就行了。我确信每个人都很重要。"他在通用电气公司建立起非正式沟通的企业文化：每个星期，他都会不事先通知地造访某些工厂和办公室；临时安排与下属经理人员共进午餐；工作人员还会从传真机上找到韦尔奇手书的便笺，这些便笺有给直接负责人的，也有给小时工的，无一不语气亲切而又发自内心，蕴涵了无比强大的影响力。

通用电气公司的商务经理约翰这样表达他对韦尔奇的印象："我一点也没感到与韦尔奇有距离，这是你与 CEO 之间没有任何阻隔的交流，你会随时收到韦尔奇的 E-mail，许多通用电气公司的员工都曾为收到韦尔奇电子签名的 E-mail 而惊喜，但后来会感到很自然，因为他会经常把对公司的看法直接告诉你。"这种非正式沟通让每个员工感受到了韦尔奇无处不在的力量。

> 坦诚以待能够帮助人们消灭谎言和无言的反对，而且它还能够更好地避免落实不力的情况。

二、价值观与文化传承"落实力"

⊙让正确的价值观深入人心

价值观是软件通道的核心，它对于团结每一位员工、协调企业、统一企业的所有行动作用巨大。如果要构建"落实力"文化，就必须选择正确的价值观。用价值观来导引企业的活动，这一点极其重要。京东创始人刘强东十分注重一个人的价值观。他认为，在京东，价值观比能力重要，能力强但价值观与京东不符的员工，对企业的破坏力更大！因此他说："不符合我们的核心价值观的，就是能力再强也不要。"

关于价值观，英特尔公司也非常注重。英特尔的每个员工都挂着写有公司价值观的胸卡，卡上显示："最重要的是我们的 6 个价值观已深入员工内心。"在公司价值观的引导下，"技术偏执狂"们变成了"英特尔人"，所以英特尔才能一直保持着业内领先地位。英特尔科技（亚洲）有限公司从 1998 年开始营运，总投资 5 亿美元，主要负责一种储存器的封装及测试生产，2001 年开始 845 芯片组的生产。英特尔公司是一个技术驱动型的公司，不停地更新技术以驱动企业前进。在这样的企业中，企业价值观仍然重要吗？它的作用有多大？英特尔公司的确是靠不断推出更好、更新的产品占领市场的，但仔细想一下，产品靠技术支撑，技术是由人掌握的，人又靠什么支撑呢？靠信念，靠价值观。有了正确的价值观，才能构成一个完整的落实链条。

英特尔早期的6个价值观就是起到了指引员工努力方向的作用：倡导员工们要"结果导向"，要有"冒险精神"，因此，他们总是做得比竞争对手更快、更好。试想一下，如果没有大家都认同的价值观，一大群"技术偏执狂"在一起会怎么样？

英特尔公司的6个价值观包括：

● 客户至上

● 纪律严格

● 质量为本

● 冒险精神

● 良好的工作环境

● 注重落实结果

如何理解这些内容？价值观中最核心的就是注重落实结果和良好的工作环境。做事情一定要有程序和方法，但如果把程序作为主要目标，一天到晚谈怎么做，最后却不行动，在当今的倍速时代就会被淘汰。英特尔公司是把程序放在第二位，最重要的是结果。他们不会花10年时间想一个全世界最完善的方案，而是要始终做得比别人快、比别人好。

企业价值观是一种理念、一种意识，但英特尔公司的价值观并不是一成不变的，它会随着客观需要的情形做出必要的调整和解释。正是通过这样的调整，企业逐渐构建起"落实力"文化，从而在市场的起伏中，稳住航舵，成功地渡过一次次的艰难转折，最终在市场上保持正确的航向。

关于企业价值观的塑造方面，字节跳动公司也非常注重。字节跳动是一家以技术创新为驱动的全球化互联网公司，总部位于北京和广州。这家公司是由张一鸣于2012年创立的，旗下产品包括今日头条、抖音、TikTok等知名应用，是中国领先的信息平台之一。其愿景是让人们更加便捷地获取信息，在数字世界里享受丰富多彩的生活。

字节跳动员工的价值观主要体现在公司的文化价值观中，具体包括以下几点：

1. 用户第一。字节跳动强调关注用户需求，把用户体验作为公司业务的核心。

2. 质量至上。字节跳动注重产品和服务的质量，致力于提供优质的产品和服务。

3. 开放合作。字节跳动鼓励员工开放、包容、合作，在合作中共同攀登新的高度。

4. 实事求是。字节跳动强调实事求是，注重数据和客观事实的支撑，避免主观臆断。

5. 追求卓越。字节跳动的员工一直在努力追求卓越，从不停止探索、学习和进步的步伐。

6. 责任担当。字节跳动的员工十分注重责任担当，愿意承担自己的职责和义务，不推卸责任或逃避问题。

上述这些价值观旨在培养员工积极向上、努力进取、团结合作而追求卓越的企业文化。

字节跳动之所以能够在短时间内成为全球知名的互联网企业之一，除了是因为它引领了移动互联网时代的变革外，还与其注重倡导公司的价值观并使其深入人心分不开。

⊙培养员工的道德观和敬业精神

员工的道德观与敬业精神是人们基于对一件事情、一种职业的热爱而产生的一种全身心投入的精神，是社会对人们工作态度的一种道德要求。

企业是员工实现个人价值的重要载体，员工是推动企业发展的力量源泉，两者相辅相成、密不可分。只有深刻认识并兼顾好两者的关系，企业才能获得长足的发展。而对于现代企业而言，管理者面临的挑战不仅是要培养员工高尚的道德观念，而且要培养他们的敬业精神。那么作为企业，应怎样培养员工的敬业精神呢？

第一，要加强培养员工的道德观念。如果企业在其生产经营活动中具有良好的道德观念和笃实的品质，长远的愿景将会得到最大程度的实现。企业绝不可能靠欺骗消费者来保持其长久的繁荣，不道德行为终将受到惩罚。为了确保企业具有良好的道德观念，企业应明确、一贯地表示，具有高尚的道德是每一个员工的首要责任。

第二，增强员工对企业的热爱。保证员工在工作中勤奋敬业的最好办法就是促使他们热爱本职工作，热爱自己的企业。这样才会促使他们勤奋努力，务实工作，想尽一切办法积极完成工作任务。

第三，公平公正地实施奖励机制。让员工取得企业的既得利益，一种有效的办法就是使其承担起损益责任，并且给予一视同仁地公正对待。这会带来两方面具体有形的好处：首先，这是一种补偿手段，在公平公正的前提下使员工们得到辛勤耕耘的收获。其次，这是一种促动因素，奖励就是一种激励，可以使员工们更加努力、更加竭尽全力地投入工作。

第四，创造一种良好的氛围。企业管理者应创造一种对那些忠于职守、表现出色的员工予以公正回报的良好氛围，这将有助于企业更加稳健快速地发展。

培养员工的敬业精神，就要培养员工的主人翁意识，增强他们对企业的归属感。这也势必要加强对员工实现个人价值的引导和激励。关于这方面，企业界著名的格力公司就非常注重。

第一，鼓励员工爱岗敬业，为企业发展献计献策，同时注重满足员工的初级需求（存在需求），培养员工的主人翁意识。

第二，强化员工的文化认同，建立健全机制，从而增强员工的责任感和奉献精神。

第三，注重员工为企业真正做出贡献，通过对员工进行精神荣誉激励，满足员工的高级需求（成长需求），帮助员工在贡献之中实现个人价值。

第四，履行组织承诺，激发员工奉献动力，让员工感觉自己不但在为公司做事，更重要的是在为自己工作，由此提升员工对企业的认同感，进而发展成一种责任感和使命感。

第五，构建激励机制，除了以精神引导员工，加强文化认同外，还将这种理念落到实处，建立鼓励奉献的长效机制，激发员工爱岗敬业的奉献热情。

总之，格力致力于让员工相信：付出必会体现，绩效必会评估，业绩必有奖励，并且在敬业与积极的奉献中，一定能够促进自我人生目标的实现。

格力公司总部自 1985 年 3 月在广东珠海成立以来，大力倡导"忠诚、友善、勤奋、进取"的企业精神，经过三十多年的奋斗与努力，而今已成为国内规模宏大、实力强劲的企业集团之一。

> 敬业精神是一种基于挚爱的对工作、对事业全身心忘我投入的精神境界，其本质就是奉献精神。

⊙ 企业文化：人力系统的黏合剂

无形的东西总是比有形的东西更难于理解，所以对企业文化的认识存在各种偏差也就不足为怪了。最常见的问题在于，企业只注重企业文化的表层形式，而忽视企业文化的内涵。对企业文化的理解首先要从对文化的理解开始，即考察文化是怎样把人们凝聚在一起、规范他们的行为并保持新思想和传统习惯的平衡。一旦有了对文化的基本认识，企业文化的含义就会变得清晰起来。

文化的概念可以帮助我们对不同群体中的人们的观念、行动和行为模式进行解译。领导者总是试图理解和预知其部下建立在文化倾向性之上的需求。不少企业都拥有并使用只有本企业员工才能心领神会的词汇，它们代表的是一种充满情感联系、能够引发彼此心灵共鸣的社区式的体验。

例如，在星巴克公司，员工不叫员工，而叫"合伙人"。这是由于在 1991 年，星巴克开始实施"咖啡豆股票"计划，它是面向全体员工（包括兼职员工）的股票期权方案。其思路是：使每个员工都持股，成为公司的合伙人。这样就把员工与公司的总体业绩联系起来，无论是 CEO 还是任何一位合伙人，都采取同样的工作态度。

曾三任星巴克公司董事局主席兼 CEO 的"星巴克之父"霍华德·舒尔茨将公司的成功很大程度上归结于这种伙伴关系的独特性。他说："如果说有一种令我在星巴克感到最自豪的成就，那就是我们在公司工作的人中间建立起的信任和自信。"

又如，在 IBM，以下几条信仰是金科玉律：第一，公司每一位员工的尊严和权利都应得到重视；第二，为本公司产品在世界各地的消费者提供最上乘的客户服务；第三，为达到公司目标，运用最佳运营方式来进行每一项业务活动。这些信仰把 IBM 的男女员工变成一个高素质并具备高度积极性的群体。

还有，出色的企业对于自己从哪里来、到哪里去、怎样发展总是有一套深入人心的说法的，这也构成组织语言极为重要的部分。例如，英特尔前任董事长安迪·格鲁夫揭示的"惶者生存""战略转折点""十倍速变化"等概念，每个英特尔员工都耳熟能详。从创立之初，英特尔公司就着力追求卓越，提出一个响亮的口号"英特尔说到做到"；之后，更把"以结果为导向"作为公司的首要文化准则提出来，推动的办法则是前面曾提及的"计划式管理"——要求员工以可计量的方式确立目标，并制定衡量结果的标准。此外，公司还善用"建设性对抗"和"参与式决策"等诸多管理利器。这些都深深植入全体员工的脑海中，当被问到自己的企业与其他企业的不同时，上述概念往往会脱口而出：它们实际上已成为企业特定文化的一种表征。

再看看华为，那种企业文化渗透于人心的影响力。

曾听过这样一件事，说有几个华为人劳累了一天，下班后想放松一下，一起去吃饭喝点酒。饭前几个人说好不谈工作，可聊着聊着就说起了华为，谈起了工作。有人发觉后做了提醒，可是不一会儿，聊着聊着大家又说起了华为。如此几轮，话题总离不开华为。那么，是怎样的企业文化培养了如此忠诚而敬业的员工？甚至许多离开了华为的员工，却仍旧保留了一颗华为的心，保留了在华为养成的工作作风与处事之道。由此，着实不由得让人为华为的魅力所赞赏而感动。

企业文化是公司的灵魂，也是巩固内部团队和吸引外部人才的基础。企业文化能够将公司的战略潜移默化地传递给员工，员工对公司理解得越深刻，对公司的忠诚度就越高。

企业文化作为一种力量，具有凝聚力、导向力和约束力。它能鼓舞人心，振奋人心。通过企业文化的影响，管理者能够以鼓励员工正确看待自己和企业，培养共享集体成功的意识，并通过员工的言行举止展现开来，更好地强化员工之间的纽带，从而将企业不断地带向成功。

> 任正非说：企业文化不是挂在墙上的照片，不是企业网站上的自我标榜，不是带着员工喊的口号。企业文化是实实在在的东西，它关乎生产力。

⊙ 具有"落实力"的组织文化的特点

杰出的组织都有卓越的文化，20 世纪 80 年代初，美国哈佛大学教育研究院的教授泰伦斯·迪尔和麦肯锡咨询公司顾问爱德华·肯尼迪在长期的组织管理研究中积累了丰富的资料。他们在 6 个月的时间里，集中对 80 家组织进行了详尽的调查，写成了《组织文化——组织生存的习俗和礼仪》一书。该书在 1981 年 7 月出版后，就成为最畅销的管理学著作，后又被评为 20 世纪 80 年代最有影响的 10 本管理学专著之一，成为论述组织文化的经典之作。

它用丰富的例证指出：杰出而成功的组织都有强有力的组织文化，即为全体员工共同遵守，但往往是自然约定俗成的而非书面的行为规范；并有各种各样用来宣传，强化这些价值观念的仪式和习俗。正是组织文化这一非技术、非经济的因素，导致了这些组织中大至决策的产生、组织中的人事任免，小至员工们的行为举止、衣着爱好、生活习惯。在两个其他条件都相差无几的组织中，由于其文化的强弱，对组织发展所产生的后果就完全不同。

时代在发展，组织文化的价值追求也在不断完善更新。而就 20 世纪 90 年代以来世界组织文化发展的特点趋势来看，组织文化呈现出了围绕着提高组织"落实力"塑造各具特色的组织文化的趋势，具体表现在以下几个方面：

第一，以人为中心以提高组织的"落实力"，尊重作为行为主体的人，重视组织生产经营中人的积极性和能动性，始终坚持把提高人的素质作为组织发展生产的首要条件来抓。

第二，以组织目标和组织发展战略作为目标引领以提高组织"落实力"，重视围绕组织目标和组织发展战略，去培养全体员工的组织精神、组织价值观和道德意识。

第三，培育有"落实力"的文化以提高组织的"落实力"，重视组织整体物质环境和精神环境的管理，创造良好的文化氛围，培养员工的群体意识，尊重、爱护、理解、关心和激励员工，培育为组织做贡献的团队精神。

第四，用团队成员参与的方式培育组织文化以提高组织"落实力"，提高重视员工参与管理的作用，鼓励员工为组织献计献策，激励员工以组织为家的归属感、责任感，与组织共命运。

因此，有"落实力"的组织文化作为现代组织管理的内在灵魂，在其具体展开和实践中有以下四个突出特点：

（1）集体性。组织文化是在生产经营过程中，逐步将自己的价值观、规范和制度积淀下来的，这是一个长期的积累过程。组织的经营观念、道德标准、行为规范都必须是由组织内部的全体成员共同认可和遵循的，组织文化是依靠一个组织全体成员的共同努力才建立和完善起来的。

（2）规范性。组织文化是由组织内部全体成员所创造出来的，组织文化具有整合功能；这就要求组织中个人的思想行为至少与组织利益相关联，即应当符合组织的共同价值观，与组织文化认同一致。当组织员工与组织产生矛盾时，应当服从组织整体文化的规范和要求，在这一规范下，组织力图使个人利益与集体利益、个人目标与组织目标统一起来。

（3）根本性，一致基础上的独特性。曾经有人说"世界上没有两片完全相同的树叶"，有"落实力"的组织文化都建立在提高组织"落实力"的基础上，但不同国家制度、不同文化背景下的组织文化，在其价

值追求表现上会有差异。即使是同一国家，不同组织间的组织文化也不相同。不同的组织背景、运营状况、组织领导者素质等都可能对组织文化造成影响。组织文化是经过组织成员集体创造、享用、继承、更新的，具有相对稳定的传统，使员工们有依据可遵循。在一个组织内部，组织文化是有共性的，而在不同组织之间，更多的是个性、特殊性。

（4）实践性。组织文化建设不是口头上概念化的东西，一个组织内组织文化的形成不是只有一些规章制度就能完成的，组织文化的形成必须是经过各种尝试才能完成的。只有经过实践，才能检验组织文化的优劣，以便进一步改进完善。

没有任何一个组织愿意在竞争中失败，组织在激烈的市场竞争中如果能够生存下来，必须具有其他竞争对手所不具备的竞争优势，这些竞争优势可以是组织的技术、营销体系、强有力的领导层等。但这些竞争优势都是低水平的竞争方式，而最高的竞争境界和层次可以归结为组织文化的竞争。IBM 咨询公司对世界 500 强组织的调查表明，这些组织出类拔萃的关键是具有优秀的组织文化，它们令人注目的技术创新、体制创新和管理创新皆根植于其优秀而独特的组织文化。组织文化是它们拥有超强的"落实力"并位列 500 强而闻名于世的根本原因。

三、建立落实文化

⊙ 用落实促进文化变革

如果落实不能融入组织的文化中，它就不能在组织中生根。要想使"落实力"不会因领导更换等因素而丧失，就必须在企业内部建立一种落实文化。这种落实文化应当以企业的动态互动的组织模式为基础，这种组织模式体现出来的价值观，才是企业文化的核心。

在组织内部实现有效落实的企业，一般以实践这种方式来达到有效落实。他们首先由领导者制定伟大的目标，根据这些目标考虑建立一种与之相适应的动态组织结构，在不断落实的过程中不断补充完善这种结构。在这种完善的过程中，他们会不断改进，直到阶段性目标得以实现。他们会在整个落实过程和整个流程中使用这种方法，这是一个永不停止的改进过程。这种改进过程不仅仅是行为上的巨大变革，也是一种观念上的巨大变革，实际上，这就是通常我们所说的文化变革。

有效落实导致了组织发生变革，组织变革导致文化变革，文化变革又使落实成为组织文化中的核心观念，这样，落实型的文化在一个公司内部就得以完成了。

那么下一轮呢？有效落实的问题同样需要面对文化变革问题。

由于文化是企业的软件部分，不论"变革"还是"建立"，没有文化意义上的改变，就没有一个企业整体的落实框架的形成。但文化的变革是在落实方式的变革之后产生的，只有两者最后交融在一起，才能导致一个企业新的落实文化的诞生。

研究发现，高瞻远瞩的公司都有利润之上的追求，这就是他们的核心理念或价值。在此基础上形成严谨的内部文化，并通过精心培养接班人和经理人才确保文化的传承与发展。尽管这些公司的业务和环境发生了巨大变化，但他们的核心理念很少变化。在此基础上他们不断激励进步，树立远大目标，从而保持内部变革能力和对环境的适应能力。

在企业里，只有一个或几个人具有"落实力"是远远不够的。一个企业的生存和发展，需要一大批落实型管理者，需要全体员工都具有落实的意识和能力。只有将"落实力"融入企业文化中，才能收到最好的效果。

国际上一些大企业，如通用电气、IBM 之所以成功，就是因为它们拥有富有"落实力"特征的企业文化。而另一些公司失败的根源，则是企业文化"落实力"特征的缺失。

精确而系统的企业文化，能持续性、战略性地推动企业的进步。落后的企业文化不但不能把企业推向成功的巅峰，相反会使企业陷入失败的泥潭。企业需要不断地对文化加以调整，使其保持积极性和对企业的指引作用。

企业总是处在不断的变化之中，这就要求企业文化也要保持对环境的适应性。再优秀的企业文化也要不断地去创新，尤其是在环境变化越来越快、市场竞争越来越激烈的 21 世纪，企业必须将"落实力"融入文化变革之中，才会由弱变强，由小变大。

许多企业由于重塑"落实力"文化，从而走上了成功之路。

香港有一家历史悠久且取得过无数辉煌业绩的大型企业。但进入 21 世纪后，该公司的发展遭遇了巨大的阻力。就像一种"病毒"悄悄地侵入企业的肌体，往日那些干劲十足的员工渐渐失去了工作热情。公司的糟糕表现令投资人大为不满，公司管理层也陷入困惑和恐慌之中。后来，经过深入调查，发现绝大部分员工对公司的价值观体系存在不认同及抵触情绪，公司的各种制度显得落后和不合理。而这一切的根源在于公司在发展初期所确立的企业价值体系已不符合当前的实际环境。

公司根据企业所处的环境状况及其发展趋势，对价值观体系进行了调整，检查并修改了公司分配制度及各项管理制度。通过一系列的企业文化变革，员工的士气很快得到提高，企业又步入良性发展的轨道。

这家企业正是由于成功地实现了文化转型，在公司内重构了落实文化，从而使公司又焕发了生机。

在现实中，有许多大企业在建设企业文化时，只有口号，而没有配套行动；只有高深的理论和精神，而没有将之融入企业的实际工作；只有文案上的一套企业文化策划书，

> 企业文化根植于企业之中，改变它的难度可想而知。然而，只有根据环境的变化重构适应企业发展的落实型企业文化，企业才能在日趋激烈的市场竞争中立于不败之地，才能不断地发展壮大。

而没有任何"实战性"的动作。因而，其企业文化也就不能融入企业现实的"文化竞争力"和"形象竞争力"。要知道，构建一种好的企业文化对企业的发展大有裨益。

正如《财富》杂志的评论员所指出的：排在世界500强的企业，其异于一般企业的根本之处在于，它们总是为自己的企业文化注入活力，即在企业文化建设中始终保持创新的精神，唯有创新，企业文化才能永葆活力。

⊙ 强有力的领导者培育强有力的文化

培育组织有"落实力"的文化，是组织员工共同努力的结果，但这并不是说每一位成员都发挥着同样的作用。组织领导对培育有"落实力"文化的重视程度直接决定着该组织"落实力"文化的培育和形成，只有一个强有力的领导才可以引导形成组织强有力的落实文化。

胜达集团有限公司创建于1983年，总部位于杭州萧山经济技术开发区，是一家以纸包装为主业，涉及造纸、纺织、化工、钢结构、房地产、石化贸易、物流保税、金融投资等八大产业的大型集团化公司。其监事会主席孙学勤说：胜达集团连续多年蝉联中国民营企业500强，之所以如此，是靠企业的战略文化。因为任何产品都是有生命周期的，唯有文化能造就组织最强大的动力。

通用电气公司在1981年时，生产增长远远低于日本的同类企业，技术方面的领先地位已经丧失，公司利润在 15 亿美元左右徘徊。当时的总裁琼斯任命韦尔奇接替他的位置。韦尔奇上任后，从文化变革入手创建了一整套企业文化管理模式。

韦尔奇指出，世界在不断变化，我们也必须不断变革。我们拥有的最大力量就是认识自己命运的能力。认清形势、认清市场和顾客、认清自我，从而改变自我，掌握命运。这个阶段企业确立的目标是"使组织觉醒，让全体员工感受到变革的必要性"。韦尔奇提出了著名的"煮青蛙"理论：如果你将一只青蛙丢进滚烫的热水中，它会立即跳出来以免一死。但是，如果你将青蛙放进冷水锅中逐渐加热，则青蛙不会挣扎，直到死亡，因为到水烫得实在受不了时，青蛙已无力挣扎。韦尔奇告诫员工，通用绝不能像冷水中的青蛙那样，面临危险而得过且过，否则不出 10 年，企业必定衰败。

这个改革过程经历了 5 年，在这 5 年中韦尔奇顶住了来自各方面的压力，当时员工关心的是自己的晋升和职业保障而不关心企业的改革和文化的变革。韦尔奇启发大家：公司必须在竞争中获胜，必须赢得顾客才可能提供职业保障。企业发展了，职工才有晋升的机会。一句话：是市场和顾客提供了职业保障和职位。企业必须面对现实、面对市场、满足顾客的要求，企业才可能保障员工的基本需求和所有福利。

韦尔奇认为，管理的关键并非找出更好的控制员工的方法，而是营造可以快速适应市场动态和团队合作的落实型文化机制，给员工更多的权力与责任，让员工与管理者实现互动。

美国康柏电脑公司董事长本杰明·罗森说道，正是由于韦尔奇对该公司的企业文化做了成功的改革，创立了快速适应市场动态和团队合作的文化机制，才使通用成为企业界的奇迹。

一个公司的文化从一定意义上说是领导者管理理念的集中体现。为了使企业能更具竞争力，能更好地沟通，在"硬件通道"上，韦尔奇通过他著名的"数一数二"论来裁减规模，进而构建扁平化结构，重组通用电气；在"软件通道"上，则尽力试图改变整个企业的文化与员工的思考模式。韦尔奇看到："如果你想让列车时速再快10公里，只需要加一加马力；而若想使车速增加一倍，你就必须要更换铁轨了。资产重组可以一时提高公司的生产力，但若没有文化上的改变，就无法维持高生产力的发展。"

"精简、迅捷、自信"，在韦尔奇眼中是现代企业走向成功的三个必备条件。韦尔奇坚信："单纯"意味着"头脑的清晰"和"意志的坚定"。那么，"精简"的内涵是什么呢？是内心思维的集中。韦尔奇要求所有经理人员必须用书面形式回答他设定的5个策略性问题，问题涉及自身的过去、

现在和未来以及对手的过去、现在和未来。扼要的问题使你明白自己真正该花时间去考虑的到底是什么；而书面的形式则强迫你必须把自己的思绪整理得更清晰更有条理。

韦尔奇要求为各项工作勾画出"流程图"，从而能清楚地揭示每个细微步骤的次序与关系。当流程图完成后，员工便可以对全局一目了然，也可以理清哪些环节是可以被删除、合并与扩展的，这使作业的速度与效率大大提高。

通用的成功，来源于韦尔奇领导的公司文化改革，其核心是通过言行将所确定的企业发展战略、企业目标、企业精神传达给通用的员工，争取全体员工的合作，并形成影响力，使相信远大目标和战略的人形成联盟，形成合力。

企业文化总是随着公司的发展而不断变化、不断革新的。曾任通用电气公司第二届总裁的科芬建立了层级分明的纵向组织结构，打破了前任总裁的组织管理体制；第三届总裁威尔逊打破了科芬建立起来的劳资关系和企业伦理；韦尔奇打破了琼斯建立的科层制度。同时也说明，在企业文化需要变革时，新的富于创造精神的领导总是在这个时候诞生的，他对推动企业文化的革新起到催生的作用。对通用来说，奇迹是与韦尔奇的人格力量、领导者特征联系在一起的。

四、会议：富有建设性和可落实性的讨论

⊙ 不要开无效的会议

相信很多人都参加过这样的会议：

"各位，今天我们开这个会就是要制定出一个出色的策略来应对 A 公司即将发动的价格大战。谁有什么好的建议都说一说，大家一块儿讨论讨论。我先说说我的想法，我认为咱们的价格也有下降的空间，降价 20% 是没问题的，但其他几家竞争对手可不行了，你们说呢？"公司 CEO 说。

"我想，降价可能不妥……"一位副总刚刚开了个头，就被力主降价的那位 CEO 给打断了："我们必须向他们显示我们的实力，告诉他们我们的价格也是可以降低的，而且还可以降得比他们低得多。这样他们以后就不敢再挑衅我们了。"

另一位高层经理试探着说："降价固然可行，但如果我们用提高我们的服务增加产品的附加价值来应对对方的挑衅，我们不但……"当听出这位高层经理也不赞成自己的意见时，面色铁青的 CEO 再一次打断了

对方的话："我们现在已经没有时间再去考虑增加哪些服务项目了。"

如此一来，其他有不同意见的人也不敢再发表自己的意见了，而那些热衷于奉承的人乘机发表意见，赞同 CEO 的建议。等到会议结束时，CEO 所提出的所有建议都获得了通过。但在实际落实的时候，多数负责人都心不甘、情不愿地消极应付，甚至干脆把行动方案变成一纸空谈。

> 万达公司老总王健林制定的开会六大原则：
>
> 1. 时间原则：不准迟到，不准拖延；
> 2. 责任原则：要担责任，推诿必罚；
> 3. 简单原则：不说废话，直击要害；
> 4. 结果原则：确定目标，做出承诺；
> 5. 追踪原则：及时跟进，及时汇报；
> 6. 奖罚原则：奖赏要舍，惩罚要狠。

在这里，我们暂且不去讨论降价的这一决策是否正确，只分析这种不充分的对话和紧张压抑的沟通气氛是怎样影响企业"落实力"的。显然，不充分的沟通是阻碍决策彻底落实的一大因素。如果一项决策不是通过充分、积极的对话得出的，而是在高层领导的权力干预下或有人力求维护一团和气的情况下做出的，那么这项决策（不管它是正确的，还是错误的）在具体落实过程中就会遇到强大的阻力，甚至最终落得胎死腹中的结果。而且，在未经充分讨论的情况下做出的决策在大多数情况下都会有缺陷和不足。

在很多会议结束的时候，人们似乎已经对某个问题达成了共识。但最终没有一个人采取任何实际的行动，这种会议你参加过多少次了？在这样的会议当中，与会人员通常不会进行激烈的争论——实际上，他们根本不关心讨论的结果，因为他们相信：这个项目迟早会胎死腹中。

在许多公司高级领导层的会议上会出现沉默或谎言，讨论决策的时候没有一个人提出异议，但最终没有得到任何实际的结果。我们通常称这种决策为"错误的决策"，之所以如此，是因为这些决策通常都是在缺乏互动的情况下做出的。这种情况出现的原因主要是人们之间缺乏互动——做出决策的人和具体落实的人之间事先没有进行足够的沟通。由于受到小组内等级制度的影响，或者是受到形式性的束缚或缺乏信任，人们无法坦陈自己的观点。在这种情况下，那些实际落实决策的人通常在落实的时候都会显得比较优柔寡断。

在一种相互孤立的企业文化当中，互动很少发生，会导致决策落实过程中的优柔寡断——在实际工作中表现为落实不力。这种情况出现的原因实际上在于领导者本人，其实正是领导者们创造了这种文化，同时也只有他们才能从根本上改变这种文化。

⊙ 要开就开有效的会议

领导者一定要注意，有些会不是一定要开，而是可开可不开的。有些会则是一定要开，但要讲求会议效率，提高会议质量。

会议要开得有效，必须有一个宽松的气氛，使到会者无拘无束、畅所欲言。这种气氛能否形成，主要在于主持者是否有民主作风。主持人要把自己置于同大家平等的位置上，启发大家开动脑筋，少有顾忌、毫无保留地发表意见。对大家的意见，尤其是负责落实的人的意见，主持者要善于倾听，体察异同，分析归纳，鼓励引导。不管个人发表的意见有没有被采纳的价值，主持者都要给予积极的鼓励和适当的评价，因为它对全面分析问题总是有帮助的。

宁德时代的老总曾毓群日常工作中很重要的一项内容，就是列席每周一次的项目分析会。在宁德时代，不管是新项目的研发还是生产线的调整，都以项目制方式运转。在分析会上，曾毓群会认真听取各项目负责人的汇报。此外，和多数大公司 CEO 一样，月度经营管理会议和行政管理会议都是曾毓群必定参加的重要会议。通过会议，曾毓群了解一切工作进展和存在的问题后，再进行部署和落实。

主持者千万不要搞一言堂，更不能压制不同意见，强制大家迎合自己的观点。只有会议主持者具有这样的民主作风，才能充分发挥与会者的聪明才智，找到解决问题的办法，也只有这样，大家才能真正尊重和乐于接受会议形成的决策，并积极地贯彻落实。否则就会使人感到，会议是在主持者的"逼迫"之下进行的，形成的意见是主持者强加给他们的，那么，大家就不会坚决、自觉地贯彻落实。

领导者作为会议的主持者，应该胸怀宽广，广泛听取会议中的不同意见，妥善处理会议中出现的反对意见。如何处理好会议中的反对意见呢？应该注意以下几个问题：

（一）要有听取反对意见的思想准备

领导者提出自己的方案或陈述意见时，事先应考虑到可能有反对意见，思想上应有所准备。如果思想上没有准备，听到尖锐的反对意见，就会感到突然，产生急躁、反感情绪。相反，思想上有了准备，就能够冷静分析反对意见。

（二）要主动鼓励下属提出不同意见

作为领导者不应坐等别人提意见，而应主动发现问题，鼓励下属消除思想顾虑，敢于在会议上提出不同意见。即使自己的方案比较成熟，也要欢迎下属提出不同意见，这样有利于在会上统一思想，补充、完善决策方案。

（三）对多数人的反对意见采取慎重态度

有时领导者的方案或意见由于某些原因受到多数人的反对，这时千万不能着急，更不能强迫大家服从，要冷静地分析、思考自己的方案、意见正确与否。如果不妥，要重新考虑自己原有的方案。如果原有的理由、论据不足，应找出充分理由，采取一定的方法说服大家。

任正非要求华为开会须遵守的规则：

1. 凡是会议必有准备，不开没有准备的会议。

2. 凡是会议必有主题，开会必有明确的会议目的。

3. 凡是会议必有纪律，会议前宣布纪律。

4. 凡是会议必有会前议程，会议前有明确清楚的会议议程。

5. 凡是会议必有结果，会议的目的就是解决问题。

（四）对少数人的反对意见不可忽视

会议中少数人的反对意见，领导者也不可忽视。当进行一项决策讨论时，大家头脑比较热，会出现多数人同意而少数人反对的情况，这时多听听少数人的意见能避免决策失误。会议上出现少数的反对意见时，领导者要认真分析，对正确的部分给予肯定，并纳入方案、意见中；对不正确的部分，可以进行说服、解释，不宜强行否定。

第五章
落实的人员通道

任何工作的落实都是由人来完成的。重视落实，必须打通从上到下的人员通道。从领导者的人才观念，人力资源部门的选聘标准，员工的培训到运营过程中人与工作的结合，"落实"的接力棒必须依靠每一个员工的努力才能送达终点。

一、寻找具有落实能力的人

⊙ 选择具有落实能力的人

员工是达到有效落实的最终端的实现者。唯有员工可以维持公司的竞争力。这是因为人可以为企业带来持久的竞争优势，这些优势能产生少有的独一无二的价值感，以及难以仿效、无以取代的优势。

人才是企业的根本，是企业最宝贵的资源。因此选择什么样的人才为企业工作，已经成为企业生存与发展的决定因素。换言之，从业人员的素质高低，极大地影响了企业落实力，从而影响企业的成败。因此，任何一个企业在选择人才的时候，都要根据自己的实际需要制定人才的标准，并有所侧重。

不同的企业对人才的要求不一样，职业培训行业需要教育方面的人才，如职业讲师；电商行业需要直播运营方面的人才，如专业主播；金融行业需要财会方面的人才，如注册会计师；计算机行业需要信息方面的人才，如程序员；汽车行业需要制造方面的人才，如技术工人。另外，人的能力、性格各异，对不同的岗位适应能力也不一样，如有的需要有特别的细致与耐心，有的需要有灵敏的反应能力。但无论是哪方面的人才，都要能有效地去完成公司交给的任务，也就是说，要有良好的落实能力和落实素质。

公司在挑选人才时，往往以最"优秀"为目标，要最好的。这似乎是企业界普遍遵循的一个准则。"寻找最优秀的人才"成了很多公司的招聘口号。其实，对于优秀的标准，不能犯教条偏颇的错误，"最好的不一定适合自己，适合自己的才是最好的。"招聘人才的目的是落实公司交给的任务，所以，选人的关键是要看他（她）是否符合岗位的需要，是否能高效地完成任务。否则，那些招聘来的人就会成为企业的包袱，不仅不会提高企业的落实力，反而会成为落实的阻碍。所以，着眼于提高企业的落实力，在挑选人才时，不必要求最优秀，而是要注重最合适，合适才会实用。

正如任正非曾经说过的一句话："当你用一个人的时候，先别管这个人强还是不强，你要告诉我你究竟让他做什么，也就是说，他的能力是否与你想让他做的事情相匹配。"而这归根结底就是，有没有能力不说，但是一定要合适。

所谓"合适"，一是具有适应该岗位的基本素质要求，若是没有能力，那么一切都没有什么后续可谈。二是个人的价值观应与企业核心价值观一致，若是价值观不一致，最后定然会出现很多问题。当这两点都能比较完美地契合时，那么这个人就是适合企业的人才，就一定会发挥出自己的能量。

总之，要使一件事情或一个目标任务落到实处，并达到理想的效果，除了需要落实人具有勤奋的工作精神外，还必须拥有担负起该项工作任务的业务素质和能力。为此，作为企业领导者，要善于了解企业内部的人才结构和人员状况。如此，在一定情况下，才会为你合适地选将任用提供极好的帮助。

⊙ 让正确的人上车

要想保证战略的顺利落实，我们就必须把好"进入"这道关口。因此，我们在招聘过程中应就以下方面对应聘者进行重点考察。

①目标明确。应聘者是否为自己确立了具体而现实的个人目标？

②有组织能力。在落实目标的过程中，他们是否能做到有条不紊、安排得当？

③勇于进取。应聘者是否能够完全独立地工作，并且能够应对不同的情况？

④能做出明智的决定。应聘者是否有能力解决难题，并且他们做出的决定是明智的？

⑤建立良好的人际关系。应聘者是否能够建立起良好、持久的人际

关系？

⑥与人沟通的能力。应聘者是否能成功地与他人沟通，使对方接受自己的意见？

⑦影响能力。应聘者是否能够影响并且激励他人为一个共同的目标努力工作？

⑧热爱本职工作。应聘者是否能对自己工作中试图落实的目标充满自信和热情？

⑨有魄力。应聘者的魄力体现在他对目标的关注上、办事的决心上和对待难题锲而不舍的韧劲上。

⑩敢于面对挫折。应聘者是否能在大步前行追求目标时，也意识到出现的问题和挫折，并且从中吸取教训？

⑪充实自我。应聘者是否在有计划、系统性地提高自己的工作能力？

⑫安心工作。我们是否能够看到应聘者与公司之间存在一种良好的合作关系？

上面这 12 条是对一个人应具备的基本素质的分析。对于某一个具体的行动方案或职位而言，还有其他一些专业知识技能方面的要求。

总之，我们必须将人力资源与战略结合起来去挑选人才，以确保有正确的人来落实预定的战略。

⊙ 多渠道选聘

在招聘员工的时候，要考虑利用多种渠道。如果招聘的方式单一，人才的来源就显得非常狭隘，影响选聘人才的质量，从而影响企业的"落实力"。一般来说，选聘的渠道有以下八种：

（一）人才交流中心

在全国的各大中城市，一般都有人才交流服务机构。这些机构常年为企事业用人单位服务。他们一般建有人才资料库，用人单位可以很方便地在资料库中查询条件相符的人员资料。通过人才交流中心选择人员，有针对性强、费用低廉等优点，但对于如计算机、通信等热门人才或高级人才的选聘效果不太理想。

（二）招聘洽谈会

人才交流中心或其他人才机构每年都要举办多场人才招聘洽谈会。在洽谈会中，用人企业和应聘者可以直接进行接洽和交流，节省了企业和应聘者的时间。随着人才交流市场的日益完善，洽谈会呈现出向专业方向发展的趋势。比如有中高级人才洽谈会、应届生双向选择会、信息技术人才交流会等。洽谈会由于应聘者集中，企业的选择余地较大。但招聘高级人才还是较为困难。

通过参加招聘洽谈会，企业招聘人员不仅可以了解当地人力资源的素质和走向，还可以了解同行业其他企业的人事政策和人力需求情况。

（三）传统媒体

在传统媒体刊登招聘广告可以减少招聘的工作量，广告刊登后，在公司等待应聘者上门即可。在电视节目中刊登招聘广告，更容易体现出公司形象。现在在一些广播电台也有人才交流节目，播出招聘广告的费用会低很多，但效果也比新兴的自媒体平台招聘广告差很多。

（四）校园招聘

对于应届生和暑期临时工的招聘可以在校园直接进行。方式主要有张贴招聘信息、举办招聘讲座和毕业生就业办公室推荐三种。

（五）网上招聘

通过网上招聘的方式招聘人才，具有费用低、覆盖面广、时间周期长、联系快捷方便等优点。

（六）员工推荐

员工推荐对招聘专业人才比较有效。员工推荐的优点是招聘成本低、应聘人员素质高、可靠性高。据了解，美国微软公司40%的员工都是通过员工推荐方式获得的。为了鼓励员工积极推荐，企业可以设立一些奖金，用来奖励那些为公司推荐优秀人才的员工。

（七）人才猎取

对于高级人才和尖端人才，用传统的渠道往往很难获取，但这类人才对公司的作用确是非常重大的。通过人才猎取的方式可能会更加有效。人才猎取需要付出较高的招聘成本，一般委托"猎头"公司的专业人员来进行，费用原则上是被猎取人才年薪的30%。目前在经济较发达的城市，"猎头"公司较为普遍。

（八）内部挖掘提拔

从企业内部挖掘、提拔，也是获得所需人才的重要渠道之一。但需要注意的是，只有那些重视落实、有务实精神的人才能得到提拔。这就要求领导者对企业的成员有详尽的了解。

很多企业的领导者总抱怨自己公司内没有可用的人才，所以不得不去企业外招聘或找猎头公司。但在落实型企业里，大多数领导者没有这种感觉，相反内部挖掘是他们更常用的寻求人才的方法。落实型领导者会在了解员工上投入必要的精力，而其他企业的领导者却不屑于这样做。其实如果领导者对所有员工的技能、经验、期望和抱负有所了解的话，就可能会发现，原来自己的企业里有很多被大材小用或未受重用的人才。

企业家罗伯特·汤森在《企业上层》一书中说："大多数经营者抱怨企业缺乏人才，所以到外面招人进来占据关键职位。这简直就是糊涂透顶！我采用的是'50%原则'。在公司内部找一个有成功纪录（在任何领域）、有心做这份工作的人。如果他看起来符合你50%的条件，就把这个工作给他。"

许多企业就是通过内部调职系统来选拔人才的。内部提升选拔不但为企业减少了从外部招聘人才所需支付的种种费用，而且还对企业内部的所有员工产生激励作用，有利于员工的成长。

　　但需要注意的是，选拔内部人员时要着重考查他的落实能力以及务实精神，而不能仅靠绩效表或领导者的个人好恶而选择，更不能提拔那些只会唱高调、说空话、惯于奉承的人，他们只会把企业推入失败的境地。

二、有效的人力资源管理

⊙ 人力资源部门在落实过程中的位置

在传统企业中，人力资源部门的主要职责就是落实好经理委派的任务，比如给新来的工程师安排一间设备齐全的单人宿舍等。人力资源部门所负责的只是整个落实过程中的一小部分，这部分工作完成的好坏完全以经理是否满意为标准。也就是说，人力资源部门是以经理的态度为导向的。

显然，在市场竞争越来越激烈的今天，人力资源部门这种在完成自己所负责的一小部分落实工作后，回头看经理是否露出了笑脸的做法，已明显不合时宜了。经理是否满意并不能左右市场对企业战略落实工作客观公正的评价。也就是说，最有资格评价各个部门工作业绩的不是经理，而是市场。一个部门在整个落实工作中是否尽善尽美，经理的笑脸几乎没有任何意义，真正有意义的是最后的落实结果。

在人力资本越来越重要的今天，人力资源部门在整个落实过程中处于至关重要的位置。企业的发展，离不开专业的人力资源管理的驱动。

关于这一点，宁德时代公司非常注重。

宁德时代一直坚持以"建立世界一流的人力资源管理体系，吸引、选拔、培养和激励世界一流人才，塑造修己、达人、奋斗、创新的高绩效组织文化，把企业打造成为世界一流的创新科技公司"为使命，积极进行人力资源战略布局，构建人才战略新格局，为公司的发展凝聚力量。2017 年，前程无忧主办了"人力资源管理杰出奖"的评选，宁德时代凭借人力资源对企业战略的高度配合和支持，在全球优秀人才的吸引保留、员工薪酬福利、组织发展及人才培养等方面的卓越表现，荣获2017 中国"人力资源管理杰出奖"殊荣。

在大多数现代企业中，人力资源部门负责人员的招聘、选拔、培训以及评估工作，管理着企业内部最为重要的资本——人力资本。而人力资本又对企业战略和决策的有效落实起着至关重要的作用。没有具有"落实力"的人员，企业的落实工作就不可能顺利进行。因此，人力资源部门必须在招聘时以一个人的"落实力"强弱为标准，在选拔时挑选那些"落实力"强的人，在培训时重点提高人员的落实能力，在评估时以其落实能力为重点。只有如此，企业的"落实力"才能得以提高。

> 在数字化时代，组织在变化，人也在变化，所以人力资源也要进行相应的调整。

如果人力资源部门不顾及企业战略规划的落实结果，只根据企业具体运营中所遇到的问题或其他短期目标做出招聘、选拔、培训、评估决策，那就很难保证企业的落实工作取得预期的效果。正是由于人力资源部门对于落实工作所发挥的关键作用，企业在向落实型企业转变的过程中，必须先把人力资源部门转变为以最终落实结果为导向的部门，这样，企业的转型才有可能实现。

⊙ 把人力资源管理与落实紧密结合起来

2017 年，记者采访华为老总任正非时曾问过一个问题："你觉得华为成功的核心点是什么？"任正非说："是人力资源体系和财务体系，只有这两个体系建立起来，产品开发、市场开发才会好。"

作为人力资源部门，必须了解整个公司的情况，清楚公司下一阶段的战略计划和目标，而且知道公司在下一阶段需要什么样的人员，他们应该掌握哪些技能，具备什么样的素质。人力资源部门不仅要明白如何招聘到合适的人，如何培养人才和如何鼓舞员工的士气，还必须懂得公司的盈利点在什么地方，以及如何实现战略目标，怎样将战略和落实联系起来。

百特是一家全球性的保健公司，主要为那些在危险条件下工作的人提供保健产品和服务。该公司的目标是在今后十年时间内，通过扩大公司在生物、制药、医疗设备、信息和服务方面的营业额，使公司的收入增加一倍，由现在的 70 亿美元增加到 140 亿美元。人才选拔在落实这项战略的过程中起到了非常关键的作用。

百特的 CEO 哈里·克雷默利用 20 世纪 90 年代后半期（当时他还在担任公司的 EFO) 的时间来对公司进行结构重组——把那些增长缓慢的部门出售，同时把各项资金筹措到位。当他于 1999 年被任命为公司 CEO 的时候，他把人员流通建设为自己的三大工作重点之一（另外两个分别是：客户和病人，以及为投资者提供丰厚的回报)。克雷默和他的管理团队在人员选拔和培养方面投入了大量精力，整个公司的战略、运营和人力资源管理被紧密连接到了一起。

百特的增长规划人员、落实人员和人力资源部门的人员紧密协作，列出了公司在今后几年时间内实现预定目标所必需的主要技能。比如，通过 2001 年的战略增长规划工作，他们把战略性临床营销、管理事物中的专门知识和赔偿问题作为公司需要强化的三大要素，随后建立了一些团队来详细总结出公司所需要的主要技能、公司目前所拥有的资源以及今后需要采取的主要工作步骤等。

确定今后需要采取的主要工作步骤是百特的战略落实中的一个重要环节。在每年一度的工作评估中，公司落实人员、人力资源部门副总裁、克雷默和塔克列出了各业务部门和地区的一些重要工作岗位需求，并采取相应措施确保公司选派适当的人员来填充这些工作岗位。但这次评估只是整个落实的一部分，在很多重要的问题上，克雷默和塔克也经常以一种非正式的方式与公司各部门领导以及他们的人力资源部门领导交换意见。

当然，这里所说的重要工作岗位不一定是指那些高级别的岗位。"他们的级别也可以很低，"塔克说，"比如那些负责产品测试的人，他们的级别并不高，但他们的工作对我们今后三年的战略落实有着直接的影响。在这种情况下，我们就会考虑这样一些问题：'根据公司目前的业务发展战略，我们应该对哪些工作岗位给予特别的重视？'然后我们就会对目前处于这些工作岗位上的员工进行素质测评。其原因就在于，如果某个岗位对我们今后三年的战略落实特别重要，我们就必须确保找到最优秀的人来完成这些工作。适当的人选必须马上得到确定，因为这些工作非常重要，我们根本没有时间可供浪费。

"这就迫使落实人员不得不确认出那些至关重要的岗位。第一年，我们要求经理们汇报哪些是最重要的工作岗位，几乎所有人给出的答案都是那些直接向自己汇报工作的人。看到结果后，我告诉他们，'哦，不错，你们部门的销售副总裁非常重要，但如果从你在明年的新战略的角度来考虑，他可能并不是最重要的。'

"在评判一个人是否胜任自己的岗位时，我们通常将评判对象分为三类：非常合适；有些牵强；不合适。如果一个人非常适合他目前的工作岗位，我们就只需要对他的工作进度进行监督就可以了。如果一个人的工作还算勉强令人满意，这就意味着我们需要对其施加一定的压力，并给予一定的帮助。而如果一个人显然不能胜任岗位工作的话，必须立即进行调整。而且根据我们的规定，所有的评判工作都必须在六个月内结束。"

"高层领导点名板"——即为公司多名副总裁的位置选拔适当的候选人——充分显示了百特的新人员流程的潜力。"它帮助我们扭转了整个公司的文化。"塔克说。每个星期四，塔克都会给公司的 150 名高层领导发去一封语音邮件，告诉他们哪些岗位出现空缺，哪些副总裁的位置现在无人应聘，以及哪些岗位刚刚选拔了候选人。

公司人力资源部门的高级管理人员会在每周一的电话会议上对被推荐的候选人进行讨论，然后会拟出一份初始名单。"刚开始的时候，我们可能有 15 个候选人。"塔克说，"然后我们会根据情况，一步步减少名单上的数字，直到选拔出最适合的人。在举行这些会议的时候，我们必须站在整个公司的角度做出判断。"就这样，人员的筛选可能要持续两三天，相关人员必须在进行推荐之前收集足够的信息和评估反馈。然后塔克将在下一次的会议上公布最后的名单。

"对这些候选人的推荐评估在其他方面也给我们带来了很大帮助。人力资源管理部门对公司的 150 名到 300 名高层管理人员有了更多的了解，因为他们曾经亲自对这些人进行过考评，而且也使公司领导层之间的沟通更加顺畅、频繁。"

> 在整个企业运营中，人力资源管理必须关注的一个核心话题，就是战略如何落实到每个人的能力上，最终落实到日常工作中。战略实施真正落地，需要每个人所有的动作都与战略相关。

三、战略目标与人员相结合

⊙ 运营计划的落实性

假设你的老板要求你驱车从成都赶往拉萨，他给你的预算相当清晰：在汽油上的开销不得超出 300 元，必须在 48 小时内到达，而且你的时速不得超过 80 公里。但没有人给你一张前往拉萨的地图，而且你也不知道自己在路上是否会遇到恶劣天气。

这就是许多公司在制定战略时常犯的错误。领导者关心的只是结果，比如说收入、现金流和收益等，以及他们可以分配给你的资源，但他们并不关心战略的具体落实过程——只要你能实现预期的结果。而在一家落实型企业当中，领导者在制订计划的过程中就会考虑到落实过程中可能出现的问题，并制订出一份能够将战略和人员及结果联系在一起的运营计划。战略通常只是定义了企业的发展方向，而运营计划则为人员开展工作提供了明确的指导路线。它把企业长期的目标分解为一些阶段性的任务，为了完成这些阶段性的任务，领导者就不得不做出许多具体的决策，将其整合到整个战略的落实当中，并根据市场情况的变化及时进行调整。所以在制订运营计划的过程中，所有的数据都必须以现实为依据，为企业发展确定新的目标，并为实现目标制订出具体的工作步骤。

通常情况下，一份运营计划包括了企业准备在一年之内完成的项目——它们将保证企业能够在收益、销售和现金流等方面达到预期的目标。这样的项目有很多，比如说新产品的研发，市场营销计划，充分利用市场机遇的销售计划、生产计划，以及一份以提高效率为目标的制造计划。运营计划所赖以建立的前提条件应该与企业所面临的现实环境联系起来，而且应该在财务人员和那些负责落实的领导人员之间进行充分的沟通。比如说，GDP 的增长或降低、利息率的降低和通货膨胀率的变化会给计划的实施情况带来什么影响？如果一家重要的客户突然改变了自己的计划，应该对原计划进行怎样的调整？运营计划应该具体指出企业的不同部门之间如何协调配合，如何在不同的方案之间进行取舍，并根据客观情况的变化对企业发展战略进行适时的调整。

正如第二章里强调的那样，企业的领导者必须深入参与到业务当中，并对整个行业有深刻的了解。在运营计划中，领导者的主要任务应当是监督计划的落实工作。具体来说，他应该负责设定目标，将落实过程中的细节与人员及战略结合起来，并领导大家进行战略评估。他必须在面临很多不确定性的时候果断地做出判断和取舍，能够引导积极公开的对话以得出真相，他还必须对下属进行适时的指导。同时，对他来说，这也是一个不断学习的过程。在这个过程中，他将对企业员工、他们的落实能力以及战略落实过程中可能遇到的问题产生更加深入的了解。

一份运营计划的主要内容不应当是繁杂的统计数据，应该体现一种责任，应该是一条将整个企业的人员和战略连接起来的线，通常的表现形式是分配目标和预定计划。

运营计划应当为企业的所有成员共享，因为参与到运营计划中的人越多——无论是应急计划还是企业为来年制订的计划，了解企业目标的人也就越多，就更有利于落实，从而取得成功的概率就越大。

⊙ 把任务与合适的人员结合起来

把任务与人员结合起来，才能使战略目标落到实处，并提高整个组织的"落实力"。总的来说，做出有效的人员配置有以下几个重要步骤：

（一）仔细考虑任命的核心问题

任命之前，起码要先搞清楚任命的原因和目标，并物色适合的人选。

当面临挑选一个新的地区营销主管的任务时，负责此工作的管理者，应首先弄清楚这项任命的核心所在：要录用并培训新的营销员，是因为现在的营销员都已接近退休年龄？还是因为公司虽在老行业干得不错，但一直还没有渗透到正在发展的新市场，因而打算开辟新的市场？或是因为，大量的销售收入都来自多年如常的老产品，而现在要为公司的新产品打开一个市场？根据这些不同的任命目标，就需要不同类型的人。

（二）初定一定数目的备选人才

这里的关键是有相当的人才储备以供挑选。正式的合格者是考虑对象中的极少数，如果没有一定数目的考虑对象，那选择的范围就缩小了，确定适宜人选的难度就加大了。要做出有效的人员配置，管理者就至少应着眼于 3 至 5 名合格的候选人。

（三）以寻找候选人的长处为出发点

候选人能做什么，长处何在，是否与目标相契合是关键。核心的问题是"每个人所拥有的长处是什么？这些长处是否适合于这项任命？"短处是一种局限，它当然可以将候选人排除出去。例如，某人干技术工作可能是一把好手，但任命所需的人选首先必须具有建立团队的落实能力，如果这种能力正是这个候选人所缺乏的，那么，他就不是合适的人选。

（四）把广泛的讨论作为选拔程序中一个正式的步骤

某位管理者的独自判断是毫无价值的。因为我们每个人都会有第一印象，有亲疏好恶。我们需要倾听别人的看法。在许多成功的企业里，这种广泛的讨论应当作为选拔程序中一个正式的步骤。

（五）确保被任命人了解职位

被任命人在新的职位上工作了一段时间后，应将精力集中到职位的更高要求上。管理者有责任把他找来，对他说："你当地区营销主管——或别的什么职务——已有 3 个月了。为了使自己在新的职位上取得成绩，你必须做些什么呢？好好考虑一下吧，一个礼拜或 10 天后再来见我，并将你的计划和打算以书面形式交给我。"同时，还应指出他可能已做错了什么。如果管理者还没有做这一步，就不要埋怨任命的人成绩不佳。应该责怪管理者自己，因为管理者自己没关注落实，没尽到应尽的责任。

（六）根据人员的特性分配工作

公司之所以有不当的工作分配，一方面或许由于对员工的投资不对；另一方面，组织中许多工作分配，都以现有的空缺和员工是否能立刻称职为依据。像那种不考虑人员个别的特性而随机分配的做法，非常容易使工作缺乏效率。

总之，完成战略目标的一个重要前提就是将合适的人放在合适的岗位上。

四、提高落实能力：人员培训与评估

⊙ 在培养人才上花本钱

人才培训，是增长资本的催化剂。企业在这方面对时间和金钱的投入上要肯花本钱。

有些人尽管在口头上反复宣称人是最重要的资本，在培训职工上却显得很吝啬，他们根本不知道人才培训的回报有多少。比尔·威根洪曾说："我们已经用文件表明了在培训自己的人员掌握统计控制过程与解决问题的方法上所得到的收益，我们正在获得的利润，是投资额的 30 倍左右。"

有头脑的经理必定会在人才培训上下大本钱，绘制人才培训的蓝图，有计划、有步骤地实施全员培训。他们懂得，人才是第一位的，没有人才，一切归零。

近年来，华为在研发投入上在国内企业中首屈一指。2018 年 9 月，曾举行了"西藏高高原经济高峰论坛"，在这次会议上，华为董事、首席信息官陶景文说，华为每年将销售收入的 10%-15% 用于研发投入，

155

过去 10 年累计超过 3000 亿元。未来每年将投入 150 亿 –200 亿美元的研发费用，并不断加大基础研究与前沿技术领域的探索。

另据报道，2018 年华为从事研发的人员达到了 8 万多名，占公司总人数的 45%，研发投入为 1015 亿元，约占全年总收入的 14.1%。近十年累计投入的研发费用超过人民币 3940 亿元。

截至 2017 年底，华为累计专利授权 74307 件；申请中国专利 64091 件，外国专利申请累计 48758 件，其中 90% 以上均为发明型专利。这些成果的取得，无疑是善于发挥人才力量的结果，也是企业为培养人才肯花力气、肯花本钱而造就的结果。

另外，华为为了挽留住优秀的人才，还采取了全员持股制度。也就是说在华为，如果你真的有能力，不仅可以拿到高额的薪资，还可以获得华为公司的股份。创始人任正非自己在公司只持有华为 1.4% 的股份，剩下的股份全部由员工持股。

为了吸引优秀的人才，华为在国内还和多所高校成立了人才计划以及天才少年班。这些人才也为华为提供了源源不断的新鲜血液，使华为在科研技术领域不断地保持优势。

又如，在培养人才方面，日本三菱公司可谓不惜血本，将人才送去海外求学是三菱创始人岩崎弥太郎培养人才的一项重要手段。从岩崎弥太郎的弟弟岩崎弥之助去美国留学开始，岩崎弥太郎的儿子岩崎久弥也去了美国宾州大学读书，岩崎弥之助的儿子岩崎小弥太则到英国留学。当年弥太郎提供给弟弟弥之助的留学津贴令文部省人士亦惊愕不已，他还将三菱中许多年轻有为的高级干部送到欧洲去留学。这些人为三菱的现代化进程做出了极大的贡献。

当然，一个企业的兴旺繁荣仅仅靠一两个统率全体员工的杰出经营者是不够的，而应当培养和造就一支高素质的员工队伍，对于这一点，岩崎弥太郎时代的三菱就已开始高度重视，当时为了适应国际交往日益密切的需要，三菱创办了英语学校。三菱公司还为它的员工不断创造进修学习的机会，让员工更好地了解世界，增长才干。1878 年，三菱公司为了培养一大批高素质的年轻员工，创立了三菱商业学校。这样既有学校式的内部培养，又有外出进修式的外部培养，塑造了大量有用之才。可以说三菱在培养人才方面，花费了巨额的投资，也赢得了巨额的收益，而它所拥有的人力资源将在相当长的时期内贡献自己的力量，这种潜在的价值是无法估价的，人才实在是企业生存发展之根本。

⊙ 全员化培训

格力董事长董明珠说："人才是培养出来的，不是靠挖来的，也不是天上掉下来的，企业要搭建平台来实现。"

要提高组织的"落实力"，必须让所有的员工，不论在哪一个层面，都能系统地接受各种培训。这不仅体现了组织对员工的关心栽培，也能有经济效益。实践表明，接受过培训的员工，表现得比那些未经培训的员工要杰出得多。

为了更好地满足企业员工的培训需求和成长发展的需要，格力自主搭建了"三自主"的员工培训体系，分别为：自主开发培训课程体系；自主建设讲师队伍；自主搭建学习平台。

在实际培训方面，格力建立了"金字塔式"培训课程体系，覆盖了班组长、科室主管、储备干部、中层干部等在内的全体员工。如针对主管群体，格力据其特点设计出"训前导入＋理论教学＋案例研讨＋行动巩固"的综合训练模式，从而提升主管的理论知识储备，切实加强将培训内容运用于工作实际的能力。针对专业技术员工，格力开发了生产类、研发类、销售类、职能类课程。同时，针对不同的员工群体，格力充分考虑其接受能力，开发由易到难的课程内容。

另外，在人才培训方面，格力强调要建设面向市场需要、支持销售、全球开拓的人才队伍。据公司已发布的信息可知，为强化海外客户的培训支持，助力海外销售，公司建设了全球海外客户培训基地，编制标准化教材146门。同时，格力还组织开展了"Global Gree"海外全球巡回培训，该培训涵盖拉美、东南亚、欧洲等47个国家和地区，累计培训1032场次，覆盖19199人次。另外，公司组织开展海外设计选型集中培训会、海外售后技术大型集中培训会等专项培训来推广公司主销产品，助力海外市场产品技术支持及品牌推广。此外，格力特别重视对研发人才的培养，由此为关键技术的掌握与变革提供了长期稳定的智库储备。

> "人才是第一位的，没有人才，一切归零。"这是格力电器董事长董明珠的一句名言，也是格力长久保持强劲竞争力的密码。

正是通过这种全员化加精英化的培养，格力电器在同行业中一直保持着领先的地位，为格力的发展蓄积了强劲的力量。

⊙ 采取多样化的培养方案和培训方式

随着企业经营活动的变化，企业所需人才也会发生相应的变化。国际化、多样化和技术化等推动着企业不断寻求与以往不同的人才。寻求人才从另一个角度看就是培养人才。教育培训好企业职员，使他们具有战斗力，既不用费时到外部去寻求人才，又提高了公司的"落实力"。每个公司里都有新职员、骨干职员、管理人员候补者以及经营管理人员等各种可以作为研修的岗位。所有职员都有必要进修，因为他们都需要进一步提高各自的能力，不管是事务系统，还是技术系统。不仅有必要对企业职员进行教育培训，而且对协作企业和交易对象的职员也要进行教育培训。为了加强竞争力，提高所有职员的素质是必不可少的。

公司培养人才，是一个重大课题，但又没有简单划一的模式，因为培养人才要因职而异。每一个公司的内部，由于各类岗位的工作性质和工作要求不同，每个公司都有自身的独特性，因而对这些不同岗位类别的人员的培训，应安排不同的培训方案。

（一）公司经理

公司经理的职责是全面负责整个公司的经营管理。因此公司经理的知识、能力和态度关系到公司的经营成败，因而对公司经理的各方面要求较高。从这个意义上说，公司经理更应该参加培训。公司经理的培训要实现以下目标：

1. 教会经理怎样有效地运用他们的经验，尽可能地发挥他们的才能。

2. 帮助经理及时了解掌握公司内部条件和外部环境的变化，如定期召开会议，交流部门信息，落实各阶段计划，组织经理学习政府的有关规章制度等。

在公司，中、基层管理人员处于一个比较特殊的地位：中层管理人员应有出色的组织协调能力，发挥好上传下达的重要作用。基层管理人员应有熟练的技术技能和一定的管理技能。如果基层管理人员没有掌握应会的工作技能，就难以开展工作。上任前大多数基层管理人员都是从事业务性、事务性的工作，缺乏管理经验。所以，当他们进入基层管理人员的职位后，就应该通过培训以尽快地掌握必要的管理技能，明白自己的新职责，改变自己过时的工作观念，熟悉新的工作环境，掌握新的工作方法。

（二）专业人员

每个公司都有像会计师、经济师、工程师、律师这类的专业人员，这些专业人员都有自己的职责范围，掌握着本专业的知识和技能。

但各类专业人员大多局限于自己的专业，而与其他专业人员之间缺乏沟通和协调。因此，培训这些专业人员的一个目的就是让他们了解他人的工作、促进各类专业人员的沟通和协调，使他们工作时能从公司整体利益出发而携手合作。专业人员参加培训的另一个重要目的就是适应社会经济技术的发展，不断更新专业知识。

（三）普通职员

公司的主体是职员，职员们直接落实各种生产计划，完成各项具体性工作。

培训普通职员要依据工作规范和工作说明书的要求，明确各自的权责界限，使职员掌握必要的工作技能，以便能够按时有效地完成本职工作。

培训的方法要根据培训的人数、培训的专业及单位现有的师资、设备、资源等方面的情况而定。培训计划可以采取业余的时间学习，也可以采取在职培训或脱产培训。培训项目也应因各类人员的不同情况和专业要求而定，如管理人员、技术人员、办公室行政人员、工厂或其他生产线上的人员等，应该采取不同的培训方法和内容。

五、落实者与落实团队

⊙ 良性的压力能使人更具"落实力"

自 20 世纪 50 年代以来，对工作压力与工作效率关系的探讨一直成为管理学、心理学等学科研究的热点问题之一，许多学者在这方面做过大量的理论研究。

最早对工作压力与工作业绩之间的关系所造成的影响进行研究的是耶克斯和多德森。在早期的研究工作中，他们对老鼠进行了试验，结果显示在刺激力与业绩 (逃避学习的速度) 之间存在着一种倒 U 关系，这就是著名的耶克斯和多德森法则。这个模型认为有一种刺激力的最佳水平能够使业绩达到顶峰状态，对于处在一种充满压力的工作状态下，过小或过大的压力都会使工作效率降低。也就是说，压力较小时，工作缺乏挑战性，人处于松懈状态之中，效率自然不高；当压力逐渐增大时，压力成为一种动力，它会激励人们努力工作，效率将逐步提高；当压力等于人的最大承受能力时，人的效率达到最大值；但当压力超过了人的最大承受能力之后，压力就成为阻力，效率也就随之降低。

　　低水平的或温和的压力对人的工作效率起着一种激励的积极作用，而过高水平的压力则是一种冲突的力量和消极因素。压力过大以致不能适度应对或无法控制就可能干扰工作业绩。适度的压力能够提高工作效率，譬如，运动员打破纪录总是在具有压力的比赛之中。过度的压力也会影响工作效率，负面问题频繁出现，譬如焦虑、失眠、烦躁等。

　　在其他的刺激程度下，包括高于和低于最佳水平，业绩都会产生恶化。两者关系的基本原理是当一个个体经历一种低水平的压力时，他或她没有被激发出活力并且不能明显地改进其业绩；当个体经历过高水平的压力时，他或她可能会花费更多的时间和其他的智谋用于应对压力，并且投入较少的努力用于完成任务，从而导致业绩相当的低；适度的压力在工作业绩中能激发个人的活力和投入最大的能量。因此，压力对工作效率的影响要一分为二地看待。

　　压力管理正日益受到企业管理者和社会的关注，员工压力管理有利于减轻员工过重的心理压力，保持适度的、最佳的压力，从而使员工提高"落实力"，进而提高整个组织的"落实力"水平，增加利润。企业关注员工的压力问题，能充分体现以人为本的理念，有利于构建良好的企业文化，增强员工对企业的忠诚度。

> 　　美国社会心理学家布瑞克林提出布瑞克林定理，认为："只要剂量合适，压力是很健康的刺激力量。"

　　这里所说的压力，指的是个体对某一没有足够能力应对的重要情景的情绪与生理紧张反应。当一个人承担不了所受的压力时，通常会出现以下症状或信号：在生理方面，会感觉头痛、恶心或呕吐、掌心冰冷或出汗；在情绪方面，脾气会变得急躁、忧虑，容易发怒、紧张；在行为方面，会出现失眠、过度吸烟或喝酒、拖延事情、迟到缺勤、停止娱乐、厌食；在精神方面，会出现记忆力下降、注意力不集中，持续性对自己及周围环境持消极态度，优柔寡断等。

企业的管理者应及时关注员工身上的种种信号，综合考察各方面的压力源，若发现确实存在过度的压力，则必须适当地调控。

进行压力管理，可以分成两部分，第一是针对压力源造成的问题本身去处理；第二是处理压力所造成的反应，即情绪、行为及生理等方面的纾解。

要让员工受到的压力变为前进的动力，而不至于变成摧残身心的凶手，企业就必须提供一个最具创造力、充满挑战的环境。比如在英特尔，不论个人是否已经为晋升完全做好了准备，他们往往让有潜在能力的人迎接更高的挑战。其 CEO 格鲁夫的看法是：重点在于一个人的学习速率，而非其他经验。学习速率快的人，一旦授予更高的职位，给予更大的挑战，他便会以更快的速率学习，往往就能快速达成目标。

举例来说，当擢拔盖尔辛格负责英特尔的 486 芯片开发计划时，盖尔辛格年仅 27 岁，只有少许的管理经验。格鲁夫认为他是合适的人选，因为他有深厚的科技知识作背景，同时他有一颗不停学习的心，会主动吸收所需的新知识。盖尔辛格成功带领486开发团队完成计划,在后来的岁月中,他也以这样的特质完成更多的挑战。盖尔辛格很快地往上升,早在1997年,他就成为该产品部门的副总裁了。

适度的压力是前进的动力,过度的压力是前进的阻碍,没有压力就没有"落实力"。企业管理者必须深刻认识到压力管理的重要性,并在实践中加以推行,才能拥有一支身心健康、积极热情的员工队伍,才能创造出更高的"落实力"。

⊙用不同方法给落实者施压

当一个人轻度兴奋时,能把工作做得最好;当一个人一丁点儿兴奋都没有时,也就没有做好工作的动力了;相应地,当一个人极度兴奋时,随之而来的压力可能会使他完不成本该完成的工作。所以,领导者应该充分认识到压力的正面效应,在管理上适时适当地给落实者施压,以提高工作效率和整个组织的"落实力"。

施压的方法很多,其中比较有效的有以下四种:

(一)为落实者设置工作的最后期限

很多员工在做事情时有拖延的习惯,总认为这件事情现在不必着急去做,还可以再拖上一段时间。如果公司的员工大都这样,公司的落实效果就必然很差，所以，领导必须要尽力消除这种现象。在所有的措施中，其中重要的一条是给落实者的工作设置最后的期限。在交给落实者工作任务之前，先预估落实者可以完成任务的时间。在交代任务的同时，也交代最后完成的期限以及超过期限的惩罚措施。落实者在有限的时间里，就不敢懈怠，必然认认真真地工作，以便尽快完成任务。

（二）让落实者有一种紧张感

在有"落实力"的公司里，所有的员工必然是忙而有序的。为了提高公司的"落实力"，领导必须充分地调动每个人的积极性，使每个人忙碌起来，让下属都有一种压力感和紧张感。领导要给所有的员工合理地布置任务，制定完成任务的各项指针。对于完不成任务的员工一定要采取相应的惩罚措施，否则，散漫的空气很快就会在公司里弥漫开来，使公司的"落实力"大为降低。

（三）为落实者设置一个竞争对手

每个人都有自尊心和自信心，其潜在心理都希望"站在比别人更优越的地位上"或"自己被当成重要的人物"，从心理学上来说，这种潜在心理就是自我优越的欲望。有了这种欲望之后，人才会努力成长，也就是说这种欲望是构成人类干劲的基本元素。

这种自我优越的欲望，在有特定的竞争对象存在时，其意识会特别鲜明。只要能利用这种心理，并设立一个竞争的对象，让对方知道竞争对象的存在，就能成功激发起每个人的干劲儿。

（四）促进落实者之间的良性竞争

落实者之间肯定会有竞争，竞争分为良性竞争和恶性竞争。领导的职责之一就是遏制落实者之间的恶性竞争，积极引导良性竞争。

良性竞争对于企业组织是有益处的，它能促进员工之间形成你追我赶的学习、工作气氛，大家都在积极地思考如何提高自己的"落实力"；如何掌握新技能；如何取得更大的成绩……这样，公司的"落实力"就会大大提高，员工彼此间的人际关系会更好。

但领导如果不加以正确的引导，员工之间有时会形成恶性竞争。它会使公司内部人心惶惶，使员工之间形成敌视态度，大家都在提高警惕以防止被别人算计。这样，公司的"落实力"必然会下降。

公司领导一定要关心员工的心理变化，在公司内部采取措施防止恶性竞争，积极引导良性竞争。

主管领导必须从实践和制度两方面入手，遏制员工之间的恶性竞争，让大家心往一处想，劲往一块使，这样，公司的"落实力"才会越来越强。

⊙ 通过团队解决问题

团队建设是指为了实现团队绩效及产出最大化而进行的一系列结构设计及人员激励等团队的优化行为。团队在落实过程中具有重要的作用，借助团队的力量，企业可就战略形成共识，在落实战略时也可以对出现的问题提供完善的解决方案。关于团队的重要性，京东的刘强东十分重视。刘强东曾说："一个企业如果成功是因为团队，如果失败也一定是因为团队内部出现了问题……"的确，一个团队的优劣左右着公司的成败。在团队推动战略落实的过程中，团队管理有两个重点，即团队的组建和团队会议安排。

（一）成立跨部门团队

保持一个跨部门的团队是落实过程的一个重要因素，公司应避免职能具体化。例如，在习惯上，公司会任命财务副总裁负责财务方面的目标和量度指标，让销售副总裁负责客户方面。这类职能的部门化是不符合通过团队共同解决问题这一原则的，实现量度指标和采取行动这些责任应由整个管理层共同来承担。

美国某工程公司运用他们的内部业务流程价值链，成立了 5 个跨部门团队，对其战略中的不同方面实施管理，负责确定客户需求的团体，其职能就是促销，但该团队的成员来自经营、工程和质量部门，所以每个成员都对客户的需要有着完全不同的看法。将这些不同角度的看法综合起来，就会使这一过程的效果更加明显。

（二）用团队会议激发创意和落实方案

组织召开团队会议是企业领导者的职责。在团队会议上，所有与会人员可以畅所欲言，共同评判目前的不足，并决定企业下一步的发展。战略的落实者从会议上即可收到各种信息，也能得到各种指示。但是，大多数企业的团队会议形式均过于松散。

典型的团队会议通常都是以营运作业的检讨与战术性的讨论为主，并未预留战略议题的时间。

与此相反，以战略落实为核心的企业则必须运用新的管理反馈流程，使团队会议的议题集中在有关战略、团队合作与学习上，取代先前的报告与控制的形态。其会议的目的在于管理与改进战略，而非战术。

此外，有效的团队会议流程还需适当的人力支援，比如由指定的行政人员负责团队会议议程、处理会议的相关文字工作、协助报告的写作，以及协调与会人员的时间。

必须注意的是，团队会议的议程要环绕着落实的战略目标来设计。这样一来，随着经验的积累，以及汇报系统的持续完善，会议的方式将逐渐转为落实导向，而且每一场有效的会议都会产生富有战略意义的落实方案。

⊙ 强有力的领导者是落实型团队的核心

就像羊群里有领头羊、蜂群里有蜂王一样，团队也需要"领头羊"和"蜂王"——领导者，尤其是落实型团队更应如此。试想，当团队犯了落实不力的错误，应该由谁来负责呢？答案当然是团队的领导者。

落实型团队的工作机制在许多方面与传统管理设想和实践是不一样的。一个落实型团队的存在必须有强有力的领导支持，落实型团队的"领头羊"的一些必要职责是：

①维持符合实际的远景规划的重点地位；

②排定会议时间表并安排会议议程；

③促进致力于落实的会议的召开；

④行政纪律：确保完成报告、准备并提交预算；

⑤确保团队里具有"落实力"的成员获得认可和鼓励；

⑥解决冲突；

⑦上下交流。

一个团队的目的若是模糊不清，就注定将毫无效果。在对团队过度管理和管理不足两个极端之间，有一个恰当的中间立场。至少团队必须了解其要落实的最终任务是什么：一道新工序、一件新产品、针对某个问题的解决办法、一篇报告或是一项计划。他必须知道自己的权威等级：自己能否采取行动，如果不行的话还需要什么批准程序。他必须知道为了落实工作，有哪些资源可以利用，以及预计自己工作的大体时间范围。

另外，公司经理对团队的发展也负有重要责任，因为他对团队本身发展的长期目标承担责任。如果一个团队被赋予新的权力和责任，而并没有具备必需的知识以负责的方式使用被赋予的权力，这就等于一捆炸药被点燃了而没人管一样，随时都会造成重大伤害。以下四个步骤有助于公司经理最大限度地开发团队的落实潜力：

①分享所有相关的商务信息，而且要保证团队成员完全明白这些信息；

②强化团队处理问题的落实能力，将训练和工作直接同团队的实际问题结合起来进行：

③提高团队的决策能力；

④保证团队决定落实的最佳方式。

致力于落实的领导者的作用就是同团队一起工作，帮助其提高使用信息、解决问题的能力。当团队表现出可以为落实负责的能力的时候，便可给予团队更高级的权力、资源、信息和培训。

团队领导者作用的一个中心部分，便是建立他的团队同组织中其他部门的有效联系。如果团队领导者有意无意地流露出该团队无须重视其他人的意见，那么，他将会伤害这种重要联系的建立。

公正对待以往的成绩，人们会认为你是凭借实力，而不是试图抹杀历史，这里有个微妙但深刻的区别：如果你确立的方针被视为继往开来，而不是向以往的决议挑战甚至使前人丧失名誉，那些维持现状的既得利益者的抵抗便会小得多。

确保所有团队成员对组织、落实目标及其结构有一个基本的认识。团队成员如果不具备关于组织的基本知识，自然难以认识到一个决议对其他团队和整个公司所带来的潜在影响，那就不能保证决议的可落实性。团队成员接受的全局观点越强，他们在做决策时对整个工作的落实考虑就会越多。

克服近视倾向。在落实一项会对另一团队或部门具有直接影响的决议之前，该决议应当重新检查，来自受影响部门的反馈意见应得到足够的重视。

如果团队已经做出了不具可落实性的决议，领导者应同团队成员一起坐下来，反省错误所在，强调从这次教训中可以学到什么。不要指责任何人或滥用职权，只是告诉团队成员这个错误所带来的影响，并让团队成员研究所学到的东西和可采用什么措施以确保这类过失不再发生。

当团队成员相互之间越来越默契，并且每一个人都愿意把团队利益放在第一位时，人们就开始明白团队中不同个体扮演的不同角色。如果有一个角色空缺，整个团队都要为此付出代价。当公司经理发现有一个角色

曾经有这样一句话：一头狮子带领的一群羊，可以打败一头羊带领的一群狮子。这句话看似偏颇，但也有一定的道理，因为这主要体现的就是团队中领导者的重要性。

空缺时，应对团队做出一些调整以确保工作顺利进行。

怎样才能使团队成员在集体和个人两个层次上都具有"落实力"呢？传统的以个人导向为基础的评估与奖励体制必须有所变革，才能充分地衡量团队功效。

常常有一些任务需要几个人共同参与，需要汇集多方面的才干、知识和权利才能完成。在这种情况下，管理层就需要依靠正式群体的运作。

当个体认为自己的贡献无法衡量时，往往会导致效率的降低。所以，管理者在采用工作团队的方式参与运作时，应当同时提供能有效衡量个人业绩的评估方法。

第六章
"落实力"能否贯彻：
战略目标、完成相关任务的几个问题

　　落实是一个系统工程，绝不仅仅是一个命令与执行的问题，它必须以事实为起点，以成效为依归。一个组织的规模越大，落实的层次就越多，落实到位的难度就越大。落实牵涉管理实践的各个层面，如果要对"落实不力"这一顽疾动真格的，应该准备应付一个复杂的局面；但一旦企业管理者的决心得以落实，将会享受到"落实"带来的丰硕果实。

一、中层管理队伍的落实能力至关重要

⊙ 中层管理者就是中层落实者

一般来说，企业的中层管理者是指那些在产品开发、策略规划、人力资源、会计财务、行销、生产等关键部门、岗位的管理人员。他们是企业管理中的一个重要群体，由于他们自身职责和权限的规定，决定了他们在企业中既不同于高层领导又不同于一般员工的角色定位，他们不仅仅发挥着信息传递的作用，而且还具有中继以及监督的职能。

拥有一批精明强干的中层管理人员，是落实的基本条件。

工作中你或许也遇到过类似的情景：

在一个企业的季度工作会议上，营销部负责人说："最近的销售成绩不好，我们当然有一定责任。但更主要的原因是对手推出了更新的产品。"

研发部负责人紧接着说："我们最近推出的新产品是少了些，不过这主要是由于研发预算太少了。就那么一点预算，还被财务部门给削减了大半。"

财务部负责人马上接着解释："公司成本在上升，我们没钱呀！"

这时，采购部负责人跳起来说："采购成本上升了20%，是由于国外一座生产铬的矿山发生爆炸，导致了不锈钢价格的急速攀升。"

于是，大家异口同声地说："原来如此。"言外之意便是："大家都没有责任。"

最后，人力资源经理发言："这样说来，我只好让发生爆炸的矿山来担责了？！"

上述情景是典型的中层松散现象。当工作出现困难时，各部门不是先从自身找原因，而是指责相关部门没有配合好自己的工作。工作中出了问题后无人过问，大家装作什么都不知道、什么都没发生过；即便知道出了问题，也相互推诿、扯皮，责任能推就推，事情能躲就躲。最后，问题只有不了了之。

中层松散的表现有多种，总的表现就是一盘散沙，很难团结起来协同作战，"落实力"衰微，办事互相推诿扯皮。一家公司的中层管理者如果这样，那么对公司来说是一场灾难。无论有多么好的战略、多么好的创意，都会毁在这帮人手里。

一家公司的中层管理者如果以落实为工作导向，那么他们总是能尽快地发现问题，齐心协力地把问题完美解决。只要是好的战略，他们总是能把它落实到每个细节；如果落实中发现什么重大问题，他们能够很快向上反馈，及时避免不必要的损失。

我们知道落实的实质是通过部属完成任务，在于借部属的力量完成组织的落实目标。企业的整体"落实力"如何，关键在于中间管理层对于落实角色的认知程度。中层管理者好比是三明治中间的那块料，一个三明治好不好吃，主要看中间的那块料怎么样。一个组织的"落实力"强不强，要看中层管理者是否得力。

一项调查表明，公司能保持持续发展和改革，达到更高的业绩，关键的因素不仅仅在于高级管理者，更在于一批具有落实才能的中层管理者和专业人才。这些人把高层主管的意愿、工作动能及生产率与市场现实这三股企业发展的动力连接在了一起。

> 俗话说"强将手下无弱兵"，如果中层执行不力，就会导致整个团队的执行力下降，阻碍企业发展。因此，中层管理者的培养对企业发展而言，起到至关重要的作用。

如果把一个企业比做一个人的话，老板就是脑袋，要去思考企业的方向和战略；中层就是脊梁，要去协助大脑传达命令到四肢，也就是传达命令到基层员工那里。因此，中层管理者的核心价值就是落实能力。

可以说：一个好的落实部门能够弥补决策方案的不足，而一个再完美的决策方案，也会死在滞后的落实部门手中。从这个意义上说，中层管理者的"落实力"是企业管理成败的关键。

⊙ 有效落实所需要的中层管理者

一支心态端正、素质非凡的中层管理队伍可以起到中流砥柱的作用；相反，如果中层管理者在心态或者素质方面有问题，那么这些人将严重干扰落实进程和效果，甚至造成不必要的内耗。

很多中层容易产生的一个心态是作为某个部门的负责人，主要是对本部门或主管的工作负责。实际上，中层管理者首先应该是公司范围的中坚力量，应该代表整个公司的利益完成落实过程。

作为中层管理者，一旦周围同仁和领导从你身上感受到了坚定的力量，他们必然会信任你。反之，如果你被畏难情绪所左右，连正常能力都发挥不出来，那么，落实过程的"脊梁"就软了，完成落实肯定无从谈起。中层经理人必须同时是团队成员与教练。他们的工作是协助，而不是控制。他们应该能够激励、赞美别人。经理人必须是充电器，而不是耗电器。

可以说，坚定落实是中层管理者势在必行的工作。在落实过程中，无论遇到什么问题，甚至遭遇风险，都应鼓足勇气、勇往直前。这样方能历练出自己独有的"落实力"。不难发现，优秀企业的中层管理者身上都具有知难而进的特质。

在实践中经常可以看到，企业的正确战略决策或者某项有效的管理规则，由于中层管理者一念之差、"定力"不足，而被葬送于具体落实过程中。中层管理者的"落实力"是企业实施有效管理的基础，所以中层管理人员在具体工作过程中所表现出的不为繁杂现象迷惑，不为暂时困难困扰，百折不挠、坚忍不拔、执着追求的个性与品格相当重要。

中层落实者是一个特殊的层次，应该有意识地提高以下能力：

●**领悟能力。**做任何一件事之前，一定要先弄清楚公司希望你做什么，然后以此为目标来把握做事的方向。

●**指挥能力**。无论计划如何周到，如果不能有效地加以落实，仍然无法产生预期的效果。为了使部属有共同的方向可以落实，制订计划、适当指挥是有必要的。

●**协调能力**。就实际而言，主管的大部分时间都必须花在协调工作上，包括内部上下级、部门与部门之间的共识协调等，任何一方协调不好都会影响落实工作的完成。

●**判断能力**。判断能力对于一个中层管理者来说非常重要。企业经营纷繁复杂，常常需要主管去了解事情的来龙去脉、因果关系，从而找到问题的真正症结所在，并提出解决方案。

●**创新能力**。创新是衡量一个人、一个企业是否有核心竞争能力的重要标志。要提高"落实力"，除了要具备以上这些能力外，还要有强烈的创新意识。要清楚创新无极限，唯有创新，才能生存。

所有这些能力都是中层管理者所必需的，只有这样，才能保证决策有效落实。

二、企业的规模与落实问题

⊙ 企业规模和落实方式的关系

企业的规模，对企业的落实方式具有重大的制约。反之，企业的落实方式也对企业的规模有一定的限制。企业的规模不同，应有不同的落实方式。

作为企业的高层管理者，首先必须了解本公司实际是什么规模，本公司应该是什么规模，以及本公司的现有规模究竟是否"适当"。

管理者还必须知道公司的规模和复杂性与其落实方式的关系。因此，界定企业规模的大小是管理者必须思考的问题之一。

"企业规模"实际上是一种整体观念的衡量，它不能仅凭企业的任何一面来衡量。要确定一家公司是小型或大型，我们必须同时兼及各项因素：包括其员工人数、销货量、附加价值、产品的复杂性及多样性、介入的市场数目以及技术的复杂性等。此外，还得考虑该企业机构的组织结构、该企业机构享有的市场占有率以及别的许多因素。这些因素中，任何单独一项均不足以作为衡量企业规模的依据。但是，有一项足以表现企业规模的"整体"者，便是公司的管理及其管理结构。从这方面来看，一个企业机构如果"至多"只需要一个人来专任高层管理的工作，此外不问他事，不从事任何其他职能性的工作，那它便是一个"小型企业"。

一个企业机构是小型企业、中型企业或大型企业，只有一项衡量的标准，而且是个相当可靠的标准。

假如是一个小型企业，那么其最高层的管理者应当能知道组织内的少数重要人物以及有关重要的成果该由谁落实，而不必查阅任何记录资料，也不必询问他人。这位高层管理者应该能知道各人分配的工作是什么；知道各人的背景、各人过去担任的工作和各人工作的绩效如何；知道各人能够做些什么，每个人的下一步该担任的是什么。当然，这表示该企业机构内这样的关键人物必然为数不多。所谓关键人物，倒不一定非得有什么职衔或占什么高位，通常不至于超过 12 至 15 人。一般说来，12 到 15 人，大概就是一个普通人所能真正了解及熟悉的最多人数。

至于中型企业，从某些方面来说，应该是最为重要的一类企业。中型企业的最高层管理者，恐怕很难对组织内的每一位关键人物都认识和熟悉。要能掌握组织内的关键人物的情况，高层管理者也许需要三五人。在一般情况下，如果要问起一位中型企业管理者有关企业的重要业务，大概他总得召集几位同事，一同来回答问题。在一个中型企业里，凡属对企业的绩效及成果负有关键性落实的人物，通常在 40 至 50 人。

如果一个企业机构里的高层管理者仍旧不够了解企业内关键人物的情况，仍然不知道他们是什么职位，他们从什么职位升迁上来，他们正在落实些什么工作，他们将来可能升迁何处，为此而必须再与别人商议或必须查阅图表、记录的话，那就是一个大型企业了。依据这项衡量标准，一家拥有 300 至 400 个管理顾问师的公司为大型企业。

总之，高层管理必须了解其本身的高层管理群究竟由多少人组成；必须制订一项高层管理的策略，建立一个高层管理的结构，以适应企业规模所需的落实方式。

⊙ 大型企业落实的关键

一个企业机构成长的结果，其高层管理群休到了无法再亲身认识和直接接触其组织中的落实人员的程度，那便是成长到了企业规模的最后阶段。企业机构成长到了这一程度之后，落实方面若有新增的需求，应是因企业的复杂性增加而引起的，而非因企业规模的再行扩大而引起。

大型企业的组织，必须具有"正式的结构"和"客观的结构"。凡是组织所需的各项关系，各项有关人事的情报及各项有关人力的运用等，都必须融合于落实型的组织结构之中。

几乎毫无例外，大企业必须有好几个不同的高层管理团队。因此，高层管理包括些什么业务，必须有明确的认定、说明和分配，使每一业务均有人落实。

大型企业的管理者，必须力求维系其与组织内有关落实人员的直接接触和面对面的接触。尤其是与组织内的年轻一代的专业人员的接触——必须力求有机会与他们共聚一堂，听取他们的意见，协助他们集中视线于整个企业的目标与机会，协助他们跳出本位的职能和技术的局限。

一个大型企业机构，必须努力防止其本身陷入与世隔绝的境地。因此，大型企业高层管理团队的成员又增加了另一份落实责任——他们必须成为企业机构对外的"感觉器官"。外界的新观点和不同的观点，必须融注于组织之内。

邀聘"外来人"担任的工作，应该是组织内原有的工作，是已有人做过的工作。但是，邀聘新人前来担任，必须让他有明确的认识：邀聘他前来，是要他仔细地观察现行的落实方法，提出一套新的不同的工作方法。他应该建议改变不具"落实力"的东西，应该是一位革新破旧者。

⊙中型企业的落实规则

中型企业的落实情况可以大致分为三种不同的类型。

第一种类型，企业产品范围狭窄，只有一种技术，也只有一个市场。这一类型的中型企业，除了组织中主要人物的人数较多，不只由一位高层管理者所能掌握之外，无论从其他哪一方面来看，基本上均等于是一家小型企业。

这种类型的企业最大的问题在于组织结构。这一类型的企业，其规模及复杂性均略大，非传统的职能式组织结构所能适应。此类中型企业在组织上所出现的问题，大抵均为职能式组织过度膨胀时所出现的落实不力问题，例如职能单位的"王国"的形成；对新刺激的反应迟钝；倾向于"应付困难"而不是倾向于"主动落实"，以及在面对企业挑战时，常以职能专长的本位思想为基础，而不能以整个企业机构的方向与绩效为落实的依据等。

对于此类中型企业，高层管理的结构也往往是一大问题。这类中型企业，往往需要一个高层管理团队。可是，这类企业的高层管理，通常只是由一个人独撑。因此，实有建立一个高层管理团队的必要，至少得另有几位专人落实，或至少得另有几位人士部分担当高层管理的落实工作。尤其是有关"良心业务"方面，更有此必要。

第二种类型，企业由若干个营运自主的小型事业部门所构成，其每一事业部门均各有其本身的产品线，也均各有其本身的市场，但各事业部门的基本经济性能则彼此相同。这一类的中型企业，实际上几乎已与大型企业无异了。

这类企业的高层管理，必须以落实型团队组织的设计为基础。因为在这一类型的企业中，需要的高层管理团队往往不止一个。企业中的主要人物，也许同时兼为数个高层管理团队中的成员。

其所属的每一个自主营运的事业部门，也各需有一个本身致力于落实的高层管理。因此他必须对"公司级高层管理"负起落实的责任。

此外，还有第三种类型的中型企业。这也是一种由若干个个别的事业部门构成的企业，各事业部门有其个别的市场，但在各事业部门之间有高度的相互依存性。

这类中型企业的组织存在两条坐标轴线。一条是整体的轴线：整个企业是一个统一性的企业，是一个统一性的系统，因此整个企业必须有一个强有力的、统一性的高层管理，尤其是必须有一个统一性的企划。另一条是个体的轴线：以个别事业部门而言，每一部门均各为一个营运自主的企业，但也各为一个彼此相互依存的企业。

因此，"公司级高层管理"必须视整个公司为一个单元，也必须以整个公司为一个单元的立场来落实，但其每一个事业部门又各为一个企业机构，每一个事业部门均必须在自己的脚跟上站立起来。在这样一个"协力系统"中的个别事业部门，均不可能自视为仅是一个"成本中心"；均不可能仅以对其他"姐妹事业"服务与贡献为主旨，而没有其本身的落实成果。每一个事业部门均必须在其"本业界"中争得一份地位，因此均必须有其本身的明确的企业目标，均必须了解其本身的关键业务，也均必须力求其本身的落实绩效。但是每一个事业部门也同时有赖于其他事业部门。因此，各事业部门的领导者必须了解其他事业部门的落实情况，也必须关切其他事业部门。

⊙ 小型企业也需要一流的"落实力"

可能有不少人认为，小型企业各个方面都很简单，所以不需要一流的"落实力"。这种认知是错误的。实际上，小型企业不仅需要一流的"落实力"，而且甚至比大、中型企业的需要更加迫切。

管理小型企业的第一项要务，就是要认清本企业是个什么企业，应该是个什么企业？小型企业必须有一套落实系统显示出其本身的特点来，必须为自己找到一个特殊的"生态地位"，建立其优势，经得起竞争，而"落实力"正是最大的优势、最强的竞争力。

小型企业的第二项要务，在于将其高层管理的各项任务妥善安排到落实的组织与机构中。大多数小型企业的高层管理人员都同时兼负有某些有关职能方面的责任，通常他们也的确需要兼负这类责任。正因为如此，所以小型企业才更需要认定有些什么事关企业目标落实的关键性业务，从而将这些关键性业务都一一交托于专人。不然的话，某些关键性业务便无从落实了。

　　大多数小型企业机构，都以为他们已经知道或照顾到了各项关键业务。但是，事实上不一定如此。也许大家的确都谈到了关键业务，但是推究起来，并没有人在真正负责落实，因而将关键业务忽略过去了。其实只是需要再多一点思考功夫，再多一点组织功夫，再多一点简单的报告与控制系统，便能确保每一项关键业务都有人负责落实。

　　这也就是说：即使是小型企业，也必须要建立一个"高层落实团队"——其成员大部分可以是"兼差"的。他们的主要任务，仍在于他们的职能方面的任务，但他们得兼负一部分落实的任务。也就是说：在一个小型企业中，凡属管理阶层人员，都必须了解该企业有什么关键性业务；必须了解每一项关键业务有些什么目标；也必须了解每一项关键业务由谁负责落实。

　　小型企业必须掌握其每一位主要负责人的情况，必须了解他们是否均已各有专职，是否已经分别负担了某一成果或落实某一问题的责任。小型企业必须了解其有限的资源所具的生产力，例如员工的生产力、资金的生产力及原料物料的生产力等。小型企业必须了解其客户的分布情况以及这样的分布是否有为公司带来风险的可能。同时，还特别需要了解有关公司财务方面的情况。

　　其实，小型企业并不需要掌握太多的数字资料。他们需要的数字资料也都极易取得，问题只是小型企业所掌握的数字资料需要有效地管理和运用。小型企业所必须掌握的数字资料并不一定是传统会计方面提供的资料，他们需要的数字资料应该是能反映公司今天的落实情况的资料。

一个小型企业机构养不起一个"庞大的管理"组织，但是一个小型企业机构不能因此而没有一流的"落实力"。正因为小型企业养不起"面面俱到的高阶层管理结构"，所以才更应将其高阶层管理的各项落实职责予以妥善配置。

三、关注细节

⊙ 战略必须从细节中来，到细节中去

有句话叫"魔鬼都在细节中"。任何事情的完成都是由很多个细节组成的，战略的制定也不例外，因为它关系到最终的落实成效。要想使战略目标得以实现，必须做到从细节中来，到细节中去。

（一）前期做得越细，战略定位越准确

战略的本质是抉择、权衡和各适其位。所谓"抉择"和"权衡"，就是每个战略制定前的调研分析，以便做出最后决定的过程；"各适其位"就是对战略定下来以后的具体细节上的落实过程。这个前期的过程，拆开来看，就是对每一个细节的关注。

2020 年年初，新冠病毒来袭，举国上下共抗疫情，此时各地防护口罩需求不断告急。

某企业老总察觉到这一情势，连夜召开高层会议，研究上马口罩生产项目，定出专人负责事项，并要求第二天就要落实行动，上报材料、改建车间、购买设备等。

由于对各个环节的细节把控和落实到位，这个企业在短短一个星期的时间便投入了生产。不但解决了民众对口罩的需求，也印证了战略定位的准确，更为企业带来了可观的效益。

麦当劳当初在中国开到哪里，就火到哪里，令餐饮界同行非常羡慕，可是我们有谁看到了它前期艰苦细致的市场调研工作呢？麦当劳进驻中国前，连续 5 年跟踪调查，内容包括中国消费者的经济收入情况和消费方式的特点，提前四年在东北和北京市郊试种马铃薯，根据中国人的身高体形确定了最佳柜台、桌椅和尺寸，还从中国香港的麦当劳店空运成品到北京，进行口味试验和分析。开首家分店时，在北京选了 5 个地点反复论证、比较，最后麦当劳进驻中国，一炮打响。这就是细节的魅力。

（二）再好的战略，也必须落实到每个细节上

企业不缺少雄韬伟略的战略家，缺少的是精益求精的落实者；企业不缺少各类规章管理制度，缺少的是对规章管理制度不折不扣的落实。好的战略只有落实到每个细节上，才能发挥作用，也就是前面所说的"各适其位"。

那些成为中国传统产业和科技产业"领头羊"的企业，之所以取得巨大的成就，是因为他们的中层领导、一般员工对公司的战略落实到位。

对于我们个人而言，如果我们每个人能把自己岗位上的事情做到位，每个团队把他们的事情做到位，公司的战略也就能很好地实现了。

所以说，战略和战术、宏观和微观同等重要。战略一定要从细节中

来，再回到细节中去；宏观一定要从微观中来，再回到微观中去。

⊙ 有督导才有落实

"细节决定成败"如今已成为许多管理者的口头禅，但要真正把对细节的重视贯穿于管理工作的每一个环节并不是一件容易做到的事。比如，有时你的指令下达了，任务安排了，并已给予下属充分的权力，但这并不意味着你就可以高枕无忧，接下来的"检查工作"这一环节是绝不能省掉的。

为此，管理者必须做好以下几个方面的工作：

（一）让员工知道如何报告工作

向分配工作的领导报告完成工作的结果，称为报告工作。为什么要让员工养成报告工作的习惯呢？

首先，接受了指示，并且执行了，仅做到这一步，并不意味着工作就完成了。不管什么工作，都要向下达指示的人报告执行结果，等听到"很好""知道了"时，这件工作才算告一段落。无论什么原因，工作之后不报告，就是犯了"有始无终"的错误。

其次，报告工作应赶在催促之前。否则下达指令的人会因此而分心，影响工作的安排，不利于工作的全面展开。作为一个称职的工作人员，应及时报告工作进度和结果，才能把工作真正落到实处。

再次，下达指令的人，常常要根据执行者的报告举一反三，考虑下一步应该做的工作。若没有诸如此类的报告，缺乏必要的信息反馈，就会导致不该出现的失误。

鉴于报告工作的重要性，领导者应当事先向相关人员认真讲清楚。作为组织成员的基本行为规范，就是赶在催问之前先做好工作报告。

（二）直接询问员工的工作情况和状态

任何一个人都会有情绪低潮、提不起精神、无法完成领导交待的任务的时候。而且，同样完成一件工作，有时候也会因时机、个人的不同而不同。

某领导在激励员工时总是这么说："现在，正是我们公司面临生死存亡的关键时刻。各位能不能了解我们目前的困难？大家要加油啊！"

刚开始的时候，他这番话的确起了不小的作用，大家都非常努力，可两年下来，就没有人再愿意拼搏了。因为大家早就听腻了他那套老掉牙的说法。那么，到底该怎么做才好呢？直接去问员工——这就是要诀。

很多时候你可以在员工的回答中找到问题的答案和解决之道。

（三）常到现场走走

经常到现场走走，和职工打打招呼，是接近员工的好方法。

为了提高大多数职工的积极性，需要把他们工作中的内在价值挖掘出来，使他们体会到自己的意义。为此，管理人员应当在现场到处转转，与职工打招呼，要他们好好干，给他们鼓劲，并且从中发现许多不为人注意的成果。

如果你用焕然一新的眼光仔细打量你周围的一切，就可以发现一些细小的改进之处，而这种改进对鼓舞士气、调动员工积极性是有好处的。

（四）时刻检查组织的运行状况

每个员工对一个领导负责。在每个员工上面监督的人愈多，干劲愈小，分层负责的秘诀是要每个部下只对一个领导负责。你也许会想这样会不会降低工作质量的保障系数呢？这个问题大可不必担心，对于一个素质较好的员工来说，需要应付的"头儿"越少，越有创造力和工作兴趣，同时可以大幅度地提高工作效率。另外，直接管理员工的领导者也要向他的上级负责，也就是说，他也受人监督。

　　总之，督导与检查工作这一环节有时候让人感觉琐碎而麻烦，需要以十足的耐心和细心去做。如果能把住这一关，管理者所安排的工作就能落实到位，并尽可能地减少错误和漏洞。